긍정의 마술
칭찬터치

긍정의 마술

칭찬터치

● 이현숙/최병무 지음 ●

칭찬터치

지은이 이헌숙/최병무
발행인 이헌숙
펴낸곳 도서출판 생각쉼표
등록번호 132-82-1-87282
주소 서울 영등포구 여의도동 45-13 코오롱포레스텔 309
대표전화 070-8866-2220
팩스 02) 784-4111
홈페이지 휴먼컬처아리랑.kr
편 집 강주연
E-mail thethinkbook@naver.com

초판 1쇄 인쇄 2013년 04월 15일
초판 1쇄 발행 2013년 04월 20일

ISBN 978-89-966542-8-5

※ 값은 뒤표지에 있습니다.
※ 잘못된 책은 본사나 서점에서 바꾸어 드립니다.
※ 이 책의 판권은 저자에게 있습니다. 무단전재 및 복제를 금합니다

인간은 타인을 칭찬 함으로서
자기가 낮아지는 것이 아니라
자기를 상대방과 같은 위치에 놓는 것이 된다.

-괴테-

추천사

서해길 충남대학교 교수 철학박사

'칭찬'이라는 글에 대한 추천사를 의뢰 받으면서 약간은 당황하지 않을 수 없었다. 사고(思考)의 발상이 참신하고 특이하였기 때문이다.

원고를 읽어 내려가면서 그 참신함에 더 해 '참 훌륭한 생각이구나!' 하는 기분이 들었다.

세상이 긍정보다 부정이 앞서고, 칭찬보다는 질타와 비판이 앞서는 세상에 남을 칭찬한다는 것도 그렇게 쉬운 일이 아닐 텐데 하물며 서로 칭찬하고 살자며 글까지 쓰기란 여간한 마음씀씀이가 아니고서는 어려운 일일 것이다.

이 책을 읽으면서 느낀 몇 가지 소회를 적어보고자 한다.

첫째, 이 저서는 인간성 회복의 차원에서 볼 때, 더없이 훌륭한 덕담이다. 적선지가필유여경(積善之家必有餘慶)이라는 고사 성어를 떠올리게 한다. 이 말은 착한 일을 하여 덕을 많이 쌓으면 반드시 경사스러운 일이 생긴다는 의미이다. 그러니 칭찬을 하는 것이 얼마나 좋은 일이겠는가?

영국의 속담 가운데 "장점은 두 눈을 크게 뜨고 쳐다보고 단점을 보았을 때는 한쪽 눈을 감고 보지 말라."는 말이 있듯이 인심이 각박한 현대 사회에 있어서 칭찬을 한다는 일은 좋은 덕목이다.

둘째, 가치관을 전도시키는데 절대적으로 필요하고 교육학적으로나 청소년 선도나 사회 안정을 위해서도 중요한 일이다.

셋째, 카네기의 인간 처세술 가운데 "남의 약점을 이야기 하지 말고 칭찬을 하라."는 말이 있다. 인간은 덕담과 칭찬을 해주면 그것이 바로 자기한테 되돌아온다.

이해관계가 지배하는 비즈니스 사회에서는 그래서 지나친 경쟁이나 자기 세우기보다 칭찬이 더욱 필요할 것이라고 생각한다.

특히 학교에서 과거의 체벌이나 꾸중에서 탈피하여 하찮은 일일지라도 칭찬을 해줌으로써 문제아나 열등아들이 성공한 예도 있고 가정에서의 칭찬은 家和成이 되고 남녀 간의 칭찬은 화합이 된다.

이 책은 총체적으로 인간성격 형성과 사회 안정에 일익을 담당할 수 있고 인간 처세술에도 한 몫을 할 수 있는 책이라고 사료되며 저자의 그 훌륭한 생각이 결실을 보게 된 것을 경하를 드리고 싶다.

아울러 부디 세상에 널리 보급되어 밝고 명랑한 사회가 되었으면 하는 간절한 마음으로 이 책을 감히 추천하고자 한다.

머리말

이헌숙 여의도 연구실에서 필자

칭찬은 모든 사람들이 원하는 것이나 모든 사람들에게 항상 부족한 것이다.

왜 그럴까? 그것은 문화와 관습의 영향이 가장 클 것이다.

우리의 육체가 음식을 먹어야 에너지를 얻듯이 우리의 정신은 칭찬을 받아야 에너지가 충전된다. 먹고 호흡하는 것은 배우지 않아도 본능적으로 할 수 있지만 칭찬은 노력하고 공부하고 연습한 사람이 잘 할 수 있다. 우리의 사회문화와 정신의 구조가 그렇게 되어 있다.

산업사회 이전에는 살아가면서 자연스럽게 습득했던 기술들이 이제는 산업화 전문화되어서 교육을 받아야만 되는 일이 얼마나 많아 졌는가.

부모가 되는 것은 인간이 살아가면서 당연하게 되는 과정이라 여겼지만 부모의 역할 수행에 혼란을 느끼는 젊은이가 얼마나 많은가. 그래서 지금은 부모가 되는 교육도 필요한 시대가 되었다.

문화가 산업이 되고 고부가가치를 생산해 낸다는 것은 이미 사회적으로 진행되고 있다. 이 책은 칭찬한다는 단순하지만 고도의 의미와 기능을 함축한 인간의 행위에 대해서 체계적인 연구의 과정을 통해 학문으로 정립하고자하는 과정에서 얻은 성과물이다. 아직 첫 걸음을 떼는 단계이니 만큼 부족한 것이 많음을 지각한다. 선배제현과 동료의 관심과 애정 어린 질책을 바란다.

이 책으로 칭찬에 대한 학문적 연구의 촉발과 이로 인한 칭찬문화에 대한 사회적 관심이 증가되어 우리사회가 보다 풍성하고 훈훈한 칭찬사회로 가는데 조금이라도 기여를 하면 더 이상 바랄 것이 없겠다.

관심 있는 학자제현께서도 칭찬문화와 칭찬관련 콘텐츠개발 및 문화 산업화를 하는 과정에 깊은 관심을 가져주시기를 바란다.

| 차 례 |

추천사 ... 6

머리말 ... 8

들어가며 듣는 이야기 하나 ... 14

첫째마당 | 칭찬, 그 오묘한 세계로의 초대
제1장. 누구나 칭찬은 좋아한다
01. 인정하고 알아준다 ... 22
02. 칭찬은 책임감을 높인다 ... 31
03. 일터에서 칭찬은 신나는 청량제 ... 35
04. 칭찬은 사람이 해야 할 가장 큰 일이다 ... 39
05. 칭찬은 인간의 원초적 욕구 ... 42
06. 개혁과 창조 정신 칭찬받는 문화로 부터 ... 45
07. 장점을 찾아라 ... 50
08. 인간은 칭찬에 약하다 ... 53
09. 칭찬은 판단에서 이루어진다 ... 56
- 칭찬10개_ 칭찬의 심리전략 10계명 ... 59

제2장. 칭찬, 어떻게 할 것인가
01. 대상을 확인하라 ... 62
02. 행동스타일을 파악하라 ... 64
03. 표현방법을 강구하라 ... 67
04. 주변상황을 고려하라 ... 70
05. 칭찬을 창조하라 ... 72
06. 반응을 탐색하라 ... 76
- 칭찬10개_ 칭찬의 전개원칙 10계명 ... 79

제3장. 칭찬이 만들어내는 놀라운 결과들

01. 칭찬의 주도권이 만드는 문화콘텐츠 ... 82
02. 칭찬과 아부는 다르다 ... 87
03. 남을 성장하게 만든다 ... 90
04. 자신감을 갖게 한다 ... 93
05. 세상을 밝게 만든다 ... 96
06. 적극적인 인생관을 갖게된다 ... 98
07. 자신의 도량이 넓어진다 ... 101

- 칭찬10개_ 칭찬이 만들어 내는 효용 10가지 ... 104

제4장. 하지 않으니만 못한 칭찬들

01. 자기주도형 문화콘텐츠 개발 ... 106
02. 매사 칭찬만 한다 ... 113
03. 칭찬후에 비난한다 ... 116
04. 칭찬의 타이밍이 맞지 않는다 ... 119
05. 거창하게 칭찬한다 ... 123
06. 결점을 칭찬한다 ... 127
07. 속이 들여다 보이는 칭찬을 한다 ... 130

- 칭찬10개_ 역효과를 가져오는 칭찬 10가지 ... 133

제5장. 칭찬에 능란하지 못한 이유

01. 문화예술은 창조력을 키우는 칭찬교육 ... 136
02. 마음의 여유가 없다 ... 147
03. 노력하지 않는다 ... 150
04. 감정을 억제하려 한다 ... 153
05. 겸손은 미덕이라고 생각한다 ... 156
06. 상대방에 대한 경계심이 있다 ... 160
07. 말주변이 없다 ... 164

- 칭찬10개_ 인간관계에 윤활유가 되는 칭찬 10가지 ... 168

둘째마당 | 생활 속의 칭찬 만들기

제6장. 가정에서의 칭찬
01. 당신은 일류 요리사 ... 172
02. 다시 해 보세요. ... 176
03. 좋은 재능을 가지고 있구나 ... 180
04. 글을 참 잘 썼다 ... 184
05. 시어머니의 가슴에 꽃을 ... 188
06. 밥 잘 먹는 며느리 ... 193

- 칭찬10개_ 가정에서의 칭찬의 말 10가지 ... 198

제7장. 학교에서의 칭찬
01. 피그말리온 효과 ... 200
02. 꼴찌에게도 상을 ... 205
03. 이 그림 누가 그린 것이지 ... 209
04. 칭찬으로 크는 나무들 ... 214
05. 졸업생 가슴마다 상장을 ... 220
06. 한번 스승은 영원한 스승 ... 224

- 칭찬10개_ 학교에서의 칭찬 10계명 ... 228

제8장. 여성에 대한 칭찬
01. 자아관여도 ... 230
02. 눈이 예뻐요 ... 234
03. 잘 어울리는 군요 ... 237
04. 센스가 있어요 ... 241
05. 애인 생겼어요 ... 245
06. 천사 같은 마음이야 ... 250

- 칭찬10개_ 여성칭찬 10계명 ... 254

제9장, 남성에 대한 칭찬

01. 너무나도 용감합니다 ... 256
02. 위대합니다 ... 260
03. 정의롭다 ... 264
04. 결단력이 있네요 ... 269
05. 위대한 경영자 ... 273
06. 일 솜씨가 좋군요 ... 282
07. 기(氣)테크 경영 ... 287
08. 세계 최고를 향하여 ... 292
09. 칭찬 비행기 태우기 ... 296

- 칭찬10개_ 남성칭찬 10계명 ... 300
- 칭찬10개_ 일터에서의 칭찬 10계명 ... 301

참고문헌 ... 302

들어가며 듣는 이야기 하나

"저것은 무엇입니까?"

내가 초등학교를 다니던 때는 일제치하였습니다.

나라와 민족의 앞날은커녕 내 앞날도 그저 캄캄하기만 했던, 공부하고는 애초에 거리가 멀고 또래들과 못된 짓만 일삼고 다니는 망둥이 같은 녀석이었지요.

동네 어른들은 나만 보면

"대체 커서 뭐가 되려고 그러는지 원……."

하며 혀를 끌끌 차곤 하셨습니다.

부모님의 걱정도 이만 저만이 아니었지요.

학교에 가면 일본 아이들 기세에 눌리고 군대 장교마냥 허리에 긴 칼 차고 엄하게 노려보는 선생들의 눈빛에 질려 그냥 숨만 죽이다 학교 수업을 마치곤 했습니다.

도무지 무슨 싹 수 같은 게 전혀 보이질 않는 녀석이었답니다.

그러던 어느 날인가 수업시간의 일입니다.

담임선생님 대신 교장선생님이 문을 열고 들어오는 것이 아닙

니까?

우리는 모두 숨죽인 채로 눈이 휘둥그레져 있었습니다.

그런데 교장선생님은 교실을 한 바퀴 죽 둘러보더니 갑자기 나를 불러 일으켰습니다. 나는 화들짝 놀라기도 하고 두렵기도 해서 얼굴이 발개져서는 겨우 엉거주춤 일어섰지요.

교장선생님은 손가락을 들어 창 밖 느티나무를 가리더니 내가 물었습니다.

"저것이 무엇인가?"

참 알 수 없는 일입니다.

그가 한 질문이나 내가 해야 할 답이라는 것이 비록 일본어라고 해도 요즘으로 하면 그야말로 '바둑아 놀자'와 같은 수준이었으니까요.

그래도 명색이 4학년인 내게 그런 쉬운 질문을 하다니, 도통 알지 못할 일이었습니다.

나는 어렵지 않게 대답을 했고 교장선생님은 내 곁으로 와서 머리를 쓰다듬으며 몇 마디 칭찬을 하시더니 급우들에게 박수까지 쳐주도록 하였습니다.

나는 아직도 그 때의 기분을 잊을 수가 없습니다.

난생 처음 어깨가 우쭐해지고 뭔가 더 칭찬받을만한 일을 하고 싶다는 생각이 가슴을 뜨겁게 적셨습니다. 이 후로 내 생활은 믿기지 않을 만큼 달라졌습니다.

지금 생각해보면 스스로 뭘 하겠다는 것보다는 그저 칭찬 듣는 재미에 빠져 있던 것이 아닌가 합니다.

어찌 되었거나 그 덕분에 나는 공부에 재미를 붙이고 상급학교도

무난히 진학하면서 오늘에 이르렀습니다.

이제는 그 망둥이 같던 녀석이 되레 아이들 가르치는 것을 업으로 삼고 있으니 세상일이란 참 알 수 없는 것이지요.

새로 나온 초등학교 교과서를 뒤적이느라 밤늦게 스탠드를 밝히고 있는데 곁에서 주무시던 아버님이 일어나선 "지금도 안자니?" 하십니다.

아들 나이도 회갑을 넘었건만 아직도 당신 아들 책 보는 모습이 보기 좋다며 곁에 누워 어느새 잠들었다 일어나시는 길입니다.

"니 어렸을 적만 해도 참 뭐가 될까 걱정 많이 했다.

어떻게나 책 읽는 걸 싫어하던지, 오죽했으면 내가 하루는 벌꿀 두 단지 들고 그 왜 너희 학교 교장선생님한테까지 찾아가지 않았겠냐. 관사에 갔더니 뒷마당에서 난을 손질하고 있으면서 사람이 찾아가도 본 체도 안 하더구나.

자식 못난 게 죄라고, 불문곡직(不問曲直)땅에 엎드려서 통사정을 했었다. 배운 것 없이 그저 자식 하나 믿고 사는데, 그 놈의 하는 꼴이 이러 이러하니 선생님이 제발 사람 좀 만들어 주십사 학 발이 손이 되라 사정을 하고는 꿀단지를 곁에 놓으니까 그 때야 니 이름을 묻더라.

성래운이오, 성, 래, 운 하고 몇 번이나 이름을 다져놓고야 관사를 나왔는데, 지금 생각하면 괜히 꿀 두 단지만 없앤 건 아닌가 하는 생각도 든다."

정신이 희미해서인지 말씀을 하시다 깜빡 잠이 드시다를 반복 하면서도 아버님은 느릿느릿 끝까지 얘기를 마치고는 다시 잠이 드셨습니다.

"그랬구나. 그게 그렇게 된 일이었구나!"

아버님, 아버님의 그 꿀단지가 아들을 바로 세우셨습니다. 결코 헛되지 않았습니다. 를 되뇌이면서 낮게 코를 골며 주무시는 아버님의 손등을 가만히 문질러봅니다.

그리고 아이들의 얼굴을 떠올려 봅니다.

꿀단지가 없어도 내가 그 아이들에게 던질 수 있는 말, 던져야 하는 말

"저것은 무엇인가?"

* 이 글은 교육학자로 평생을 교육 사업에 쏟으신 대밭 성래운 선생의 글을 다듬어 실은 것입니다.

첫째 마당

칭찬
그 오묘한 세계로의 초대

찬사에는 밑천이 들지 않는다.
그러나 대다 수의 사람들은 찬사에 큰 돈을 지불한다.

- 토마스 플러 -

제1장
누구나 칭찬은 좋아한다

"사람들이 당신에게 비평을 원하지만 사실은 칭찬받고 싶어할 뿐이다."

01.
인정하고 알아준다

인간의 행동에 있어서 중요한 법칙이 하나 있다.

이 법칙을 충실히 따를 수만 있다면 인간관계를 개선해 나가고 삶을 윤택하게 할 수 있다.

이 법칙을 카네기(D.Carnegie)는 "상대방에게 자신의 중요성을 느끼도록 만드는 것"이라고 하였다.

인간이라면 누구나 주위 사람들로부터 인정받기를 원한다.

농민이나 국회의원, 세일즈맨, 엔지니어, 회사 사장, 당신이나 나, 그리고 초등학교 학생 등 모든 사람들은 어떤 형태로든 다른 사람들에게 중요한 인물로 인정받기를 원한다.

인정받고 갈채를 받으며 또 알아주며 존중해 주는 것을 싫어할 사람은 아무도 없다. 자기가 이 세상에서 중요한 존재라는 사실을 느끼고 싶어 하고 인정과 아낌없는 칭찬을 받고 싶어 함은 인간의 공통된 마음이다.

지금으로부터 2천 년 전, 인간학(人間學)의 보고(寶庫)라고 일컫는 사마천(司馬遷)의 『사기(史記)』에 소개된 이야기다.

진(晉)나라 사람 예양(豫讓)은 이름을 떨치지 못하고 그럭저럭 지내고 있었다. 그러다가 자기를 알아주는 지백(智伯)의 휘하로 들어가게 되었다. 지백은 그를 극진하게 대접했으며 사람됨을 높이 평가하여 매우 아껴 주었다. 그러던 중 지백이 살해당하는 사건이 발생했다.

이 때 예양은 "사나이는 자기를 알아주는 사람을 위해 죽고(死爲知己者死), 여인은 자기를 기쁘게 하는 이를 위하여 얼굴을 가꾼다.(女爲悅己者容)"라고 하였다. 그리고 '지백이야 말로 진실하게 나를 알아준 사람이었다. 내 반드시 그의 원수를 갚고야 말겠다. 그래야 내 혼백이 부끄럽지 않을 것이다.' 라고 결심한다.

자기를 인정해 준 사람에게 목숨까지 바치며 충성을 다하는 인간의 행동을 읽을 수 있다.

세계적인 경영컨설팅 교수인 톰 피터스는 "나는 그 동안 많은 사람들로부터 분수에 넘치는 대접과 인정을 받았지만 지금도 그런 인정을 받는 것은 매우 유쾌할 뿐, 신물이 난다거나 넌더리가 나는 일은 전혀 없다."고 고백하고 있다.

칭찬은 상대방을 인정하고 알아주는 것의 뿌리이다.

일이 없어서가 아니다. 자신만이 가지고 있는 것을 나누는 긍정마인드가 없기 때문이다. 가지고 있는 것이 물질이 아닌, 재능과 지혜, 지식 등을 얼마든지 다양하게 가지고 있고 나눌 수 있다. 이것은 사람과 사람 사이 단체와 단체, 기술과 기술 등을 교류하지 않는 데에서 비롯된다. 분명 자신의 코드는 누구도 따라갈 수 없는 것이 존재한다. 이러한 재능을 우리는 찾아 칭찬해야 한다. 그러므로 행복해 진다. 그렇다면 재능을 어떻게 찾아 나눌 수 있는가? 그것은 칭찬대중화 시대를 열어가는 것이다. 모든 것이 비슷한 것 같지만 인간의 개체는 똑 같을 수 없는 것들이 무수히 많다. 이런 것들을 보고 느꼈을 때 우리는 칭찬을 해야 한다. 칭찬은 잘 한 것만 있는 것이 아니라 잘못한 것 중에도 분명 있다. 단 잘못에 대한 판단을 잘못 내려 나쁜 결과로 돌아오는 것이다. 의도적으로 잘못을 만들어 내지는 않는다. 사회의 문제를 계획적으로 만들어 내는 사람은 없다. 흔히 말하는 것을 보면 살다보니, 하다 보니, 어쩌다보니, 환경 때문이라고 말한다. 우리는 재능을 칭찬하지도 않을 뿐만 아니라 찾는 노력을 하지 않는다. 그럼, 습관화하기 위해 가정문화에 맞는 교육과 여가시간에 무엇을 하는가를 조사한 통계를 보면 수면이 1위 TV 보기가 2위 등의 순으로 나온다.

　수면은 살아 있는 시간이 아니다. 살아가기 위한 생명의 연장선이다. 충분히 수면을 취해야만 살 수 있는 생명의 특수한 조건이며 습관이다. 신은 인간에게 시간만은 똑같이 주었다. 주어진 시간을 습관에 의해 낭비하는 사람이 있는가 하면, 알뜰하게 장을 보듯 일일 계획표에 의해 짜임새 있는 시간으로 쓰는 사람들이 더 많다.

　한정된 돈을 가지고 마켓에서 장을 본다고 생각하면 주어진 돈에서 더 쓸 수 없다. 이것보다 몇 배 더 중요한 것이 우리의 삶의 낭비적인 시간적 요소가 너무 많다는 것이다.

　현대의학의 발달로 평균수명 남자 75세 여자 78세라고 한다. 이 중 유아기부터 성장기를 빼면 결국 몇 년이나 순수한 나를 위해, 사회를 위한 시간을 쓸 수 있는지, 자아를 찾아 행복하게 쓸 수 있는 시간을 꼼꼼히 아껴 써야 한다. 습관에 의해 잠으로 다 소비하거나 무계획하게 혼자만 사용한다면 결국 광의적인 삶을 살아갈 수 없고 무가치 하다.

　일상이 고달파 여가시간에 잠자고 허상적 재미로 TV를 본다는 것은 여전히 삶이 그리 문화적이지 않음을 반증하고 있다. 이제 문화에서 우리의 미래를 찾아야 하며 문화적인 삶이라는 비전을 가져야 한다.

　문화는 무엇인가? 이를 정확히 정의내기란 어렵다. 하지만 문화는 인간을 인간답게 만들어 주는 가장 중요한 요인이기 때문이다. 모든 차이는 문화로부터 비롯된다. 성공과 행복, 남들보다 뒤처진다고 생각하는 것도 자아를 찾지 못하기 때문이다. 자신에게 내재된 장점을 찾아 칭찬하는 문화를 실천해 가야 한다. 타인을 모방하는 것도 문화이고, 언제나 새로운 것을 만들어 가는 것도 문명이다. 문화의 중요성을 새삼스럽게 강조하는 것이 어색하지만 문화의 중요성에 대한 대중적 공감대는 이미 형성되어 있다. 형성된 문화에서 칭찬을 실천할 때 우리는 즐겁고 만족하다. 사실, 문화는 우리의 삶의 방식이고 가치관이며 역사로, 그 사회가 만들어낸 산물이다.

　오늘날 칭찬으로 키워낸 개인의 아이디어가 산업과 결합되면서 부가가치의 새로운 원천이 되고 있다. 이러한 문화기술(CT, Culture Technology)은 고부가가치를 창출하는 첨단기술로 각광받고 문화콘텐츠산업은 미래 산업으로 급부상하고 있다. 어느 한때 문화가 중요하지 않은 적이 없었지만, 오늘날 문화는 갈수록 더 중요해지고 글로벌 시대의 이슈로 부상하고 있다. 인류사에서 문화는 시대에 따라 달리 발전해 오고 그 속에서 예술은 부각되고 있다.

1980년대의 화두가 사회과학을 제공했다면, 1990년대 화두의 원천은 '문화비평과 콘텐츠'이라고 분석한다. 여기에 1990년대에 들어와 물질적으로 점점 더 풍요로워지면서 문화는 비평과 탐색이었고 새로운 콘텐츠는 경제수준에 맞는 선진국의 초입에 진입하게 되었다.

2000년대 들어와서 사회가 부쩍 문화교류에 관심을 쏟기 시작하고 문화시장은 국제화 다양화 되고 실시간으로 교류된다. 누가 어디에 있든 문화는 흐르며 공유되고 그 크기와 힘은 막강하다.

큰 힘의 논리에 맞는 선진 문화에서 보아온 영국이나 프랑스 미국, 이탈리아인들의 오만방자함은 주지의 사실이다. 그들이 지나칠 정도의 자부심을 갖고 있는 것은 자국 문화의 힘과 잠재력을 굳게 믿고 있기 때문이다. 개인의 능력에 칭찬으로 기를 살려주었기 때문이다.

우리는 식민지 생활에 익숙한 압박의 문화가 개인의 능력을 찾기보다는 억압 속에서 성장했고 지금도 우리는 시기와 질투의 국민성을 가지고 있다. 문화는 개인의 성향만큼 다양하다. 또래의 문화에서 전문가의 문화, 대중의 문화, 지탄의 문화, 찬양의 문화 사람마다 각기 다른 민족문화, 시대문화, 지역문화 등에서 특징을 살려 산업으로 육성해야 한다. 프랑스의 경우는 국가가 앞장서 문화를 전폭적으로 지원하는 정책을 펴고 있다.

앵글로 색슨문화 뒤에 존재하고 있는 문화예술, 심지어 공식적으로 '문화국가(Etat culturel)'라는 말까지 사용하고 있다. 그들은 경제는 타 국가에게 뒤져도 문화만큼은 절대 뒤지지 않고 뒤질 수도 없다고 자부하고 있다. 경제는 '존재의 문제'지만 문화는 '어떻게 존재하느냐'의 문제다. 다시 말해 경제는 생존의 문제지만 문화는 삶의 질의 문제다. 이렇게 문화는 삶의 질을 다루고 폭을 넓히기 때문에 더 중요하다. 삶의 질을 다루는 문화경쟁은 경제를 창출할 최종의 경쟁 산업이다.

일생의 반은 집에서 가족과 살아가는 것이고 반은 직장에서 그 가족을 먹여 살리기 위해 일하는 것이다. 일하는 장소는 가족만큼 중요한 사안으로 인간의 성취욕과 개인의 목표를 달성하는 일이다. 모든 사람은 그 목표를 달성하기 위해 일터에서는 신나고 재미있어야 한다. 모든 근로자는 일을 통해 삶의 목표를 달성해야하고 일에서 만족감을 얻어야 한다. 매일 같은 일상을 겪으면서 재미없는 반복이라고 생각한다면 자신의 성취하고자 하는 것을 이루지 못한다. 이룬다 해도 결국 행복하지는 않다. 일터에서 기분 나쁜 일이 있어도 칭찬하는 분위기라면 직원들은 행복하다. 칭찬하고 좋은 일만 생각하다 보니 분위기가 좋아지고 일의 생산성이 오른다.

어느 회사는 능률보다 일하는 분위기를 만드는 데 더 열을 높이고 정기적으로 칭찬 회의를 한다. 본 회의는 지난 일을 재검토하며 직원중심인 칭찬 토론을 우선으로 한다.

사람관리는 칭찬경영에서 시작되고 성공을 만드는 현대인의 신흥종교로 돈과 성공기업을 꼽고 있다. 성공한기업인으로 추종하는 스티브잡스, 그의 삶을 많은 사람들은 따르고 배우고 있다.

삼성판 "스티브잡스 선발 전형인 SCSA 궁금증 총정리를 삼성그룹 대졸 신입 공채 접수가 시작됐다. 특히 올해부터는 삼성이 인문계 대학 전공자 중에서 소프트웨어 엔지니어를 처음 뽑기로 해 어느 때보다 삼성 입사 희망자들의 관심이 뜨겁다. 삼성 컨버전스 소프트웨어 아카데미(SCSA)라는 이름으로 시작하는 이 제도에 대해 지원자들의 문의사항이 쏟아지고 있다." 이처럼 성공신화가 현대인들의 신앙이 되어 버린 것처럼 긍정적인 눈으로 사물을 직시하면 모든 것은 칭찬할 대상이고 성공요인이다. 일이 잘 풀리지 않을 때 더욱 격려하는 칭찬만이 자신의 가치와 생산성을 향상 시키는 능력으로 자신을 디자인해야 한다.

칭찬의 효과를 활용한 성공요인으로 상품은 대화의 도구로 개인의 브랜드 가치를 높이고 기업은 브랜드 심리를 이용한 칭찬으로 나약한 존재에서 욕구를 충족시키는 칭찬의 환경적 습성을 성과로 만들어 낸다.

"동료들에 대한 비판적인 자세를 변화시켜야 한다. 칭찬하고 충고하는 태도를 가져라. 만일 당신이 사람들에 대해 비판하기 시작하면, 당신은 그들이 하는 모든 일에 대해 비판하는 자신을 발견할 것이다. 타인에 대한 칭찬을 찾음으로써 이런 심적인 자세를 대치하라. 아무리 작은 칭찬이라도 칭찬은 좋은 것이다. 타인에게 칭찬하는 것은 당신의 행복을 증가시키는 것이다." – (노만 V. 필)

사람을 변화시키는 데에는 두 가지 방법이 있다. 하나는 질책과 위협이다. 이런 방법은 벌과 보상을 통해 순종적 행동을 요구하는 절대적 강압으로 사람들에게 두려움을 주고 강제성을 띠운다. 여기에 죄책감과 수치심 그리고 굴욕감까지 느끼게 함으로 사람은 의욕을 상실한다. 이러한 방법은 일시적인 경우 효과가 있지만 진정한 변화는 일어나지 않는다. 상대로 하여금 기를 꺾고 두려움을 갖게 함은 타의적인 생각으로 부정적 정서를 갖게 한다. 또 다른 방법은 칭찬과 자아 존립의 인정이다. 칭찬은 주로 잘한 행동, 성과위주로 해 주는 결과로 훌륭하다, 잘했어, 최고야. 너뿐이야. 등으로 표현한다. 그러나 이러한 표현은 단순히 외형적으로 표출된 것만을 다루기에 일시적으로는 기분은 좋을 수 있다. 그러나 같은 말이 반복되면 그 저의에 대해 의심을 하고 왜 내가 칭찬 받는지 모를 수 있다. 그래서 칭찬은 바로 찍어서 잘한 부분을 진심으로 격려 칭찬해 주어야 한다. 여러 사람에게 반복해서 되풀이 해 주면 너무 형식적이라는 느낌이 들어 더 이상의 효과가 없다. 심지어는 불쾌감까지 들 때도 있다.

그러나 인정(encouragement)은 다르다. 말 그대로 용기(courage)를 북돋아 준다. 또 불어로는 cour의 의미가 가슴(heart)을 뜻한다. 이 단어는 '가슴을 준다, 연다.'는 뜻이 된다. 가슴을 준다는 것은 희망을 주고 지지와 자신감을 준다는 뜻이 포함 되어 발전을 가져온다.

심리학자인 Grey는 인정의 목적은 "나는 할 수 없어"로 부터 자신의 내적 자원을 발견하도록 도움으로써 더 생산적인 "나는 할 수 있다. 또는 나는 할 것이다."로 변화하도록 하는 것이 칭찬이다. 로 정의하고 있다. Rathvon은 "용기와 책임감을 가지고 자신의 삶의 문제에 당당히 직면하여 문제를 해결하도록 돕게 함으로써 자신을 긍정적으로 바라보는 관점을 갖게 하고 동시에 자신의 불완전성을 인정하는 용기를 갖게 한다."고 하였다.

인정하기에서 중요한 것은 먼저 잘 듣고 공감해 주는 것이다. 그리고 그의 지각과 경험, 느낌을 확인하고 지지해 주는 것이다. "아, 그렇군요. 당신은 고통스러운 경험에서 새로운 기회를 찾아내는 안목을 가지셨군요."로 바뀌는 것이다.

한편 한 인간으로 존중하고 차이와 단점을 인정해 주는 것도 중요한 인정이다. "당신은 세상을 매우 특별한 눈으로 보시는 분이시네요." 그리고 더 나아가 가슴을 주는 것은 단순히 말로 하는 것을 넘어 눈빛과 몸짓으로 에너지로 주는 것이다. 상대가 좌절과 낙담을 할 때 진실성을 담아 전달하는 "제가 당신을 위해 무엇인가 도움이 되면 참 좋겠어요."라고 얘기해 줄 수 있는 나눔의 실천이 문화예술을 낳는 칭찬인 것이다.

그러나 무엇보다 가장 근원적인 인정은 우리 각자는 우주에서 하나 밖에 없는 고유하고(Unique) 유일한(Only One) 존재로 그 가치를 인정받고 활동할 수 있는 문화구성원이 우선되어야 한다.

칭찬은 잘하는 것을 더 잘하게 하고, 사람을 신나게 하고, 인정과 배려로 사람을 신바람 나게 만든다.

02.
칭찬은 책임감을 높인다

우리나라의 김 대통령이 해외를 방문하였을 때에 G7으로 진입하기 위한 제2의 도약을 꿈꾸는 아시아의 용, 민주화, 지속적인 경제 발전, 국민 사회복지 향상을 통한 21세기 최대 부강국 건설을 추진하고 있다."는 식으로 극찬하였다.

다른 나라들도 칭찬을 통하여 사람의 마음을 움직이려 하고 있음을 보여준 예이다.

예부터 위대한 사람이라고 칭송을 듣는 사람들의 공통점을 들자면 적을 친구로 만들 줄 알아야 하고, 자기감정을 조절할 줄 알아야 한다. 또한 만나는 사람에게서 한 가지씩 배우겠다는 의지를 갖고 노력하며, 자기자랑을 삼가고 남 칭찬하기를 아끼지 않는다하였다. 사실 평범한 이야기 같지만 실천하기는 매우 어려운 일들로 칭찬을 강조한 것이 아주 돋보인다.

인간이란 유쾌한 기분을 갖고 싶어 한다. 착실하고 견고한 교제

자리에서도 때로는 센스 있는 말이나 풀어진 분위기를 섞어 주지 않으면 사람들은 점차 지루해 한다. 뿐만 아니라 인간이란 자신이 칭찬을 받거나 추켜 올라가는 것을 센스 있고 총명하며 유쾌한 얘기라고 생각한다.

어떠한 사람이라도 한 가지 정도는 칭찬을 받을 만한 좋은 면이 있다. 그러한 좋은 면을 다른 사람이 칭찬했다고 하자, 그 때 그러한 칭찬의 말은 그 사람에게 보다 높은 완성을 향해 나아가게 하는 추진력의 바탕이 된다. 남성은 책임감이 있다. 책임의식이 강하다, 맡은 일은 끝까지 완수한다는 칭찬의 말을 듣고 싶어 한다.

심리학자들이 인간의 성장과 잠재력에 커다란 가능성을 제시한 이론이 있는데, 이것이 '책임심리학' 이라는 것이다. 이 이론의 핵심은 무책임 아닌 무가치, 부도덕은 비정상적인 행동과 노이로제, 정신적인 퇴보를 가져온다는 것이다. 그렇기 때문에 일에 대한 만족을 가로 막는 가장 큰 장애물 중의 하나가 남을 탓하는 것이다.

보통 우리들은 어리석은 마음에 남을 탓하며 살아간다. 남을 탓하는 습관을 들여다보면, 자신의 실수를 깨닫고 잘못된 것을 고치는 기회를 잃게 된다. 모든 관리에는 걸 맞는 책임이 있다. 미국의 독립선언서에는 다음과 같은 구절이 있다. "우리의 인생, 자유 행복을 추구할 기본적인 권리는 국가로부터 받은 것도, 국왕이나 대통령으로부터 받는 것도 아니다. 태어날 때 신에게서 받은 것이다. 때문에 정직, 근면, 정의 추구와 같은 기본적인 책임도 의회가 우리에게 부과한 것이 아니고 신으로부터 받은 것이다."

미국 독립선언서는 책임을 강조하고 있다. 오늘 우리가 책임을 회피했다고 해서 내일도 그럴 수는 없는 일이 많다. 남성의 성공에 대한 책임은 남성 자신에게 있다. PT보트 109호는 케네디 중위를 포함한 승무원 13명이 타는 작은 배였다. 남태평양 솔로몬 제도에서 일본 수송선을 발견하면 어뢰를 쏘아 격침시키는 임무를 띠고 있었다. 아주 위험하고 어려운 일이어서 대단한 책임감이 필요했다.

1943년 8월 한밤중에 산더미 같은 일본 구축함 아미기리호가 보트에 부딪쳐 왔다. 산산조각이 났으나 케네디 중위를 포함하여 11명이 생존하였다. 죽을 고비를 넘겨 미국기지에 돌아 왔을 때 "정말 잘 견뎌냈어, 귀관이 정장으로서의 책임을 다해 준 덕택이야, 우리 해군의 자랑이야!" 하며 기지사령관은 케네디의 손을 잡고 책임감을 칭찬하여 주었다고 한다. 오늘날 군대에서는 특히 책임감이 강조된다.

다나까 전 일본 수상은 겨우 초등학교 밖에 못 나온 사람이다. 그런데 다나까 한데는 학력 대신 그 나름의 독특한 철학이 있었다. 그가 대장성 장관으로 취임할 때만 해도 사람들은 문외한인 전 수상이 얼마 못 견뎌 낼 것이라고 생각하고 있었다.

대장성이라면 동경대학을 나온 수재들이 총 집결해 있는 엘리트 관료 집단의 본산이었기 때문이다. 사실 대장성 직원들은 초등학교 밖에 못나온 사람을 장관으로 임명한데 대하여 노골적으로 불만을 품고 있던 터였다. 그런데 다나까는 말 한 마디로 그 모든 우려와 불만을 일소해 버렸다고 한다. 채 1분도 안 걸린 취임사에서 다나까는 이렇게 말했던 것이다. "여러분은 천하가 다 알아주는 수재들이고 나는 초등학교밖에 못 나온 사람입니다. 더구나 대장성 일에 대해서는 깜깜합니다. 따라서 대장성 일은 여러분들이 하십시오. 나는 책임만 지겠습니다." 그 한 마디로 다나까는 부하직원들의 마음을 휘어잡을 수 있었다. 이후 대장성의 일이 별 무리 없이 잘 돼 나갔음은 물론이며 후세에도 다나까의 책임경영만은 칭찬받고 있는 것이다.

03.
일터에서의 칭찬은 신나는 청량제

"상사는 팀원이 무엇을 잘하는지를 알아야 한다. 팀원의 등을 두드려줄 이유를 찾아내려고 노력해야한다." 이렇게 찾아낸 칭찬의 이유는 국제시장으로 나간다. 세계적으로 경쟁을 치열해지고 소비자의 욕구는 강해지고 다양해져 가고 있다.

안정적으로 쉽게 사업을 하던 시대는 지나갔다. 데일 카네기연구소가 전 세계 70여 개국 기업을 대상을 조사한 바에 따르면 1990년대에 들어서도 계속 성장 발전할 수 있는 조직은 분위기 조성을 잘 해주는 기업이라는 것이다.

삼일산업에서는 수요일만 되면 능률이 더 오른 다고 한다. 왜냐하면 이날은 기분 좋은 날이기 때문이다. 모든 직원이 좋은 일, 신나는 일만 이야기하면서, 상대방에게도 칭찬해주고 인정만 해주는 날로 정했기 때문이다. 그 날은 아무리 기분 나쁜 일 있어도 칭찬하고 좋은 일만 이야기해야 한다. 칭찬하고 좋은 일만 생각하다 보니 분위기가 좋아지고 일의 생산성이 오른다는 것이다 또 정기적으로 '칭찬회의'를 한다. 이 회의에서는 돌아가면서 칭찬해 주는 것이다.

그리고 칭찬회의가 끝나면 모두들 힘을 얻는다고 한다.

신세계백화점 사보에 싣기 위해 직원 3백 명으로부터 공모한 '머피의 법칙(Murphy's Law)'이 있다. 지각 때문에 상사의 꾸중을 들은 한 직원은 일찍 출근해 부장에게 칭찬을 받겠거니 기대하는 날은 부장이 지각한다며 자신의 개과천선을 몰라주는 상사의 무심함에 섭섭함을 갖는다고 소개하고 있다. 일터에서 직원들은 상사로부터 칭찬 받기를 소망하고 있는 것이다. 일터에서의 칭찬은 신나는 청량제이다.

일은 인간이 꼭 먹고 살기 위해서가 아니라, 인간의 끊임없는 욕구를 충족시키고 또 인간이 꿈을 실현시키기 위해 계속해서 있어야 하고 또 있게 될 것이다.

인간이 일을 해야 하는 이유는 개인 삶의 유지와 욕망충족, 그리고 자아실현과 성취에 있으며, 또 인간이 자연적으로 혹은 종교적으로 부여 받은 의무 속에 근거한다.

일하기 싫거든 먹지도 말라는 말이 있으며, 독일의 '철혈재상' 비스마르크는 독일 청년에게 고함이라는 글에서 이렇게 말했다.

"내가 독일 청년에게 하고 싶은 세 마디 말이 있다. 일하라! 좀 더 일하라! 끝까지 일하라!" 라고 인간은 스스로 움직이고 일할 힘을 갖고 있다. 그리고 스스로의 의사로 일한 때만이 힘을 낼 수 있는 것이며 성과도 오르는 것이다. 따라서 상사는 팀원을 부린다. 일을 시킨다는 것 보다 스스로 일하는 상황을 만들어 주는 것이 필요한 것이다. 이것이 현명한 일터의 관리이다. 그리고 스스로 일하는 상황을 만드는 것이 바로 상사와 팀원의 인간관계이며, 그 중 하나가 바로 신나는 청량제 칭찬이다. 대부분의 삶들이 칭찬의 말을 듣지 못할 때 자신의 일을 칭찬과 연관시키기는 어렵다고 생각한다. 그러나 정말 중요한 칭찬은 자신의 내부에서 나오는 것이어야 한다. 그것은 성취감에서 오는 두근거림, 자부심, 만족감 같은 것이다. 오늘날과 같이 치열한 경영환경 속에서 기업 경영자에게 가장 필요한 자질은 아이디어에 대한 사랑이다. 그래서 사람들은 반짝이는 아이디어에 대해서는 멋진 칭찬을 아끼지 않는다.

한국표준협회가 만든 책 '부하육성 50가지 원칙'에서는 다음과 같은 사례가 발생하면 팀원을 칭찬해야 한다고 말한다.

- 실적을 기대 이상으로 올렸을 때
- 능력을 최대한으로 발휘했을 때
- 각별한 공로를 세웠을 때
- 훌륭한 협력효과를 거두었을 때
- 사고나 위험을 미연에 예방했을 때
- 훌륭한 제안, 아이디어를 냈을 때
- 자격과 면허를 취득했을 때
- 사회(社外)에서 기업의 신용을 높였을 때

윌리암 웨더(W.B. Werther)는 '우리는 이런 상사를 만나고 싶다.'에서 신입사원들이 상사에게 원하는 마음은 이렇다고 하였다. "부장님! 신입사원이 일을 잘 했을 때는 적극 격려해 주는데 최고의 우선권을 두어야 합니다. 처음 몇 달 동안에는 그때그때 알맞게 칭찬해서 자극을 줘야 합니다. 특히 일을 잘 했을 때 그것을 인정해 주도록 해야 합니다. 그리고 그 후에도 일을 잘 한데에 대한 칭찬과 긍정적인 평가는 정기적으로 행해져야 합니다." 일반적으로 일터에서 신입사원들은 긴장하게 마련이다. 긴장하고 있는 신입사원들에게 상사의 칭찬은 청심제 같은 것이다.

04.
칭찬은 사람이 해야 할 가장 큰 일이다

칭찬하기 위해서는 먼저 사람을 알아야 한다.

칭찬을 하는 것도 듣는 것도 사람이기 때문이다.

사람을 한자로 쓰면 '사람人'자와 '사이間'자를 써서 '人間'으로 표기한다.

우리말로 옮겨보면, 인간이란 '사람의 사이' 관계라는 것이다.

사람 사이에서 태어나 사람 사이에서 생활해 나가는 존재이며 다른 사람과의 다양한 관계 속에서 삶을 영위해가는 '사회적 동물'이라는 뜻이다.

인간은 자신이 원하던 원치 않던 모든 상황에서 나 아닌 다른 사람과 함께 평생을 산다.

어려서는 부모와 함께, 청소년이 되어서는 친구들과 함께, 성인이 되어서는 배우자와 직장 동료들과 함께, 퇴직 후에는 퇴직자모임에 소속되어 산다. 따라서 인간은 필연적으로 누군가를 필요로 하고 그들과의 관계를 필요로 한다. 결국 인간은 다른 삶들과의 관계가 지속적으로 유지될 때만 이 사회적 존재로서 가치가 있는 것이다.

인간을 움직이려면 우선 먼저 상대의 마음(심리)을 파악해야 한다. 인간의 행동은 마음에서 우러나오기 때문이다. 아무리 까다로운 상대와 대면을 하더라도 상대의 심리상태를 정확히 알고 있다면 상대를 움직이는 것은 아주 쉽다. 예를 들어 상대방이 내 의견에 반대했을 때는 우선 감정적인 반대인지, 이성적인 반대인지를 먼저 파악하는 것이 중요하다.

상대의 심리, 반대원인을 간파하지 못하면 쉽게 설득할 수 없고 칭찬해 봐야 잘 받아들여지지 않기 때문이다.

감정적인 반감을 가지고 있는 상대에게 논리적으로 설득하려 한다거나 칭찬을 한다는 것은 소귀에 경 읽는 격이다.

어느 부부작가의 이야기이다.

그 부부작가는 아파트를 새로 구입하는 문제로 아내와 심하게 다투었다. 다투는 중에 그는 자존심에 상처를 크게 입어 마음이 아주 심란한 상태에 있었다.

그때 평소에 흠모해 오던 지인으로부터 전화가 왔다.

그의 최근 시집을 읽었는데 내용이 아주 향기롭고 좋았다는 칭찬의 전화였다. 부부는 자신에 대해, 그것도 자신에게 시를 가르쳐준 지인으로부터 칭찬을 받는다는 것은 평생 기억에 남을만한 극찬이다. 그러나 이 부부는 상한 마음 탓에 오히려 전화를 끊고 싶은 기분이었다고 한다.

톰 피터스(Tom Peters)가 "모든 일을 가능하게 하는 것은 인간을 다루는 것이다. 그 일을 가능하게 만드는 것은 기술이 5%고, 95%는 심리상태다."라고 한 말을 증명이라도 하는 듯 한 이야기이다.

칭찬은 심리적 안정 상태에 놓여 있을 때 진짜 효과를 발휘한다. 심리적으로 불안, 초조, 불쾌한 상태에서는 칭찬이 받아들여지지 않는다.

05.
칭찬은 인간의 원초적 욕구

원만한 인간관계를 유지하기 위해서는 서로간의 끊임없는 이해와 협력이 필요하며 이를 가능하게 하는 방법은 무엇보다 인간의 욕구에 대해서 잘 아는 것이다.

칭찬은 인간욕구 충족의 하나이기 때문이다..

심리학자 알겐(Allen, 1890~1964)은 다음과 같이 인간의 욕구를 1차적 욕구, 2차적 욕구로 나누어 설명하였다.

①. 1차적 욕구(선천적 욕구)
- 식욕을 충족시키고 싶다.
- 갈증을 해소하고 싶다.
- 평온을 찾고 싶다.
- 고통이나 위험으로부터 벗어나고 싶다.
- 성적인 만족이 필요하다.
- 가족을 비롯해서 사랑하는 사람의 행복을 지키고 싶다.

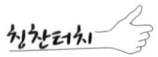

- 사회적 인정을 받고 싶다.
- 남보다 우월했으면 좋겠다.
- 장애요소를 극복하고 싶다.
- 놀고 싶다.

②. 2차적 욕구(후천적 욕구)
- 다른 사람들과 똑같아지고 싶지는 않다.
- 건강했으면 좋겠다.
- 매사에 능률적이었으면 좋겠다.
- 수고를 덜고 싶다.
- 남을 믿고 싶다.
- 이익이 있으면 좋겠다. (즉 경제적이고 싶다.)
- 스타일을 멋지게 했으면 좋겠다.
- 깨끗하면 좋겠다.
- 호기심을 충족시키고 싶다.
- 지식을 획득하고, 교육을 받고 싶다.

또한 미국의 심리학자 마슬로우(A. Maslow)는 인간의 기본적인 욕구를 '욕구단계설'을 통하여 설명하였고 인간의 욕구를 다음과 같이 크게 다섯 가지로 구분한 바 있다.

생리적 욕구 (physiological needs)
안정의 욕구 (safety needs)
사랑과 소속의 욕구 (love and belongingness needs)
인정(승인)을 받으려는 욕구 (esteem needs)
자아실현의 욕구 (self actualization)

다섯 가지 욕구는 계단을 오르듯 낮은 차원의 욕구에서 점차 높은 차원의 욕구를 향하여 단계적으로 상승하게 된다.

인간은 다른 사람들로부터 인정을 받았다는 증거로 표창을 받거나 지위·명성을 높이거나 칭찬을 받고 싶어 하는데 이런 것들이 바로 네 번째 욕구의 구체적인 내용으로 표출된 것이다.

　인간은 단지 사회적 집단의 일원이 되는 것만으로는 만족하지 않는다. 사회의 일원으로서 다른 사람들로부터 자신의 능력을 인정받기를 바라며, 이러한 과정에서 인간의 욕구는 끊임없이 샘처럼 분출되고 멈출 줄 모른다.

　생리적 욕구와 안정의 욕구, 사랑과 소속의 욕구가 충족되면 인정을 받으려는 욕구가 나타난다.

　자존심을 지킨다든지 상대방에게 인정받고 싶어 한다든지 하는 욕구가 여기에 해당된다.

　자기가 남보다 뛰어나다는 우월감, 자신의 능력에 대한 확신, 훌륭한 업적, 높은 자주정신 등을 다른 사람에게 인정받고 싶어 하는 것이다.

06.
개혁과 창조정신
칭찬받는 문화로부터

　문화연구가 레이먼드 윌리엄스는 '영어 단어 중에서 가장 정의하기 어려운 단어 중 하나가 문화(culture)'라고 말했다. 문화라는 용어는 그만큼 다양한 의미를 가지고 있고, 주장 또한 사용하는 사람마다 의미가 다르다. 문화란 도대체 어떻게 생긴 것이고 무엇이라 정의 할 수 있을까? 라는 의문을 가진다. 하지만 답은 간단하다. 정의 할 수 없는 것에 정의를 요구할 필요 없다. 공기가 분명 있고 절대적인 필요성을 가지고 있지만 형체를 말 할 수 없듯이 문화 또한 절대적인 필요성을 가지고 있지만 정의 할 수 없다. 하지만 우리의 일상 속에 뿌리내리고 있고 인류역사와 궤를 같이해 온 것이 바로 문화다. 문화에 대한 정의는 달라질 수 있고, 문화에 대한 합의된 정의도 여전히 부재한 상태이다. 원래 문화라는 용어는 라틴어의 (cultur)에서 파생되었다. 본래의 뜻은 경작(耕作)이나 재배(栽培)

에서, 나중에는 '교양이나 예술'등의 뜻을 가지게 되었다. 그래서 '문화인'(文化人)은 '교양인'이나 '예술인'과 비슷한 의미로 사용된다. 일상에서 사용하는 문화라는 용어는 맥락에 따라 다른 의미를 갖는다. 우선은 '즐거운 취미로서의 문화(culture as good taste)'이다. 뉴욕의 뮤지컬을 알고 오페라 구경을 가고 프랑스 음식을 즐기는 사람을 문화인이라고 하는 문화예술이 인간의 최고급 문화라 한다면 이때의 문화는 '고급스런 취향'이란 의미의 문화이다. 한 사회와 그 사회와 관련된 모든 것을 지칭하는 넓은 의미로서의 문화'(culture as everything)'이다.

프랑스문화, 서구문화(西歐文化) 등의 용어에서 사용되며 인류사회에서 지금까지 가장 모방하는 문화였다. 일반인들이나 사회과학자들이 문화를 언급할 때 사용하는 문화는 지식과 가치체계로서의 문화'(culture as knowledge and belief systems)라는 의미를 갖는다. 또한 사회학에서는 문화에 대한 정의를 크게 광의의 것과 협의의 것으로 나누기도 한다.

광의의 문화는 '사회적 인간이 역사적으로 만들어낸 모든 물질적, 정신적 소산'을 말하고 있다. 이 중 정신적인 산물인 물질문명과 구분하여 협의의 문화라고 정의하고 있다. 좀 단순화시켜 이해하자면 가치나 신념, 사고방식이나 이론, 철학, 생활양식 등 무형의 측면은 문화이고, 기계나 건축물, 발명품 등 물질적 산물은 문명이라고 한다. 정신문명, 물질문화라는 말은 자연스럽지 못하고 정신문화, 물질문명이라는 말이 자연스러운 것은 바로 이 때문이다. 물론 이런 식의 구분은 문화와 문명을 구분하는 독일철학의 영향이 크다.

산업사회에서 일찍이 두각을 나타낸 독일어에서는 '문화'를 의미하는(Kultur)와 '문명'을 뜻하는(Zivilisation)이 본질적으로 다른 두 영역이다. 수많은 정의 중 가장 빈번하게 인용되고 통용되는 정의는 영국의 인류학자 에드워드 버넷 타일러(Sir Edward Burnett Tylor, 1832~1917)의 정의다.

문화인류학의 창시자로 여겨지는 타일러는 자신의 저서『원시문화 Primitive Culture』(1871)에서 문화를 '지식, 신앙, 예술, 도덕, 법률, 관습 등 인간이 사회의 구성원으로서 획득한 능력 또는 습관의 총체'라고 정의했다.

사회과학적으로 보면 산업과 상업도 문화고 과학기술도 문화이다. 모든 사회는 문화를 가지고 있다. 그래서 사회학자들은 '사회가 그릇이라면 문화는 그 그릇에 담겨있는 내용물'이라고 이야기한다. 시대마다 달라지고 사회마다 문화는 존재하지만 그 문화는 늘 변화하고 진화한다. 오늘날의 문화는 지난 세기의 문화와는 분명히 다르다. 당시만 해도 인간다운 삶보다는 먹고 사는 생존의 문제가 더 절박했다.

19세기의 서구사회는 자본주의가 막 태동해서 발전하던 본능의 문화와는 다른 노동자들의 환경이 주류였고, 노동자들의 일상적인 삶은 비참하기만 했던 문화였다. 이런 노동자들의 참상을 지켜보던 칼 마르크스가 자본주의 경제메커니즘의 비인간적 본질을 폭로한 것은 노동자 계급을 갈망하던 것처럼 화이트칼라의 문화를 꿈꾸었던 것은 시대적 필연의 비극이었는지도 모른다. 그 시대의 문화는 인간을 인간답게 바라보는 칭찬은 먼 곳에 있었고 오직 노동자들은 8시간 중심의 문화로 자고, 일하고, 생활하는 제도 하에 사는 것만이 인간의 가치라 생각하고 경제를 원했다.

성경에서 "일하지 않는 자 먹지도 말라!"는 말처럼 지극히 당연해 보이는 그들의 요구가 당대로서는 유토피아 같은 이상이었던 것이다. 생존을 위한 노동시간 이야말로 인간이 다른 동물과 구분되는 인간적 삶을 가꿀 수 있는 시간이다. 문화는 인간만이 향유하는 일종의 특권일 수 있다. 하지만 현대는 어떤가? 사회적 동물인 인간의 세계는 노동보다는 문화를 선호하고 있다. 그것도 최상의 자연스러운 미적 문화를 추구하고 있다. 이를 통해 노동을 막을 수 있다. 자연에서 경제를 노동에서 경제를 창출하는 문화의 세계이다. 무리의 형태 속에서 공동체적인 삶을 살아가는 것이 당연하듯 대중화에서 화폐를 교류하고 구분되는 자연스러움이 바로 문화이다. 그래서 '문화'는 '자연(nature)'의 상대어이다. 흔히 '문화'의 상대어가 있는 그대로라고 생각하는 문화와 문명의 혼동은, 문화는 대중이고 대중의 편리함이 문명인 것이다. 인간의 진보가 편리함이고 문명이라 말할 수 있다. 본능적 편리함을 추구하는 대중이 문화다.

문화를 만들어 내기까지의 발단과정은 진보를 끌어내는 칭찬의 힘이다. "단 한 사람의 칭찬에서 발전을 낳기 때문에 매우 중요하다."라고 말한 새뮤얼 존슨의 말처럼 단순한 것에서 비롯된 칭찬은 크고 복잡한 형태를 만들어 인류를 고도화 시킨다. 사회가 점차 물질적으로 풍요로워지면서 노동자들의 노동시간은 줄어든 반면 여가시간은 늘어났다. 그렇다면 늘어난 시간만큼 여가를 즐기는 것이 행복했는가는 또 다른 의문을 가지고 온다. 하지만 어떤가! 여유적 시간을 쓰는 사람일수록 행복 지수가 높다는 것은 절대적이지 않다.

칭찬을 통해 자주 만나고, 만남을 통해 "같은 취미와 의견을 가진 사람들의 교제로써 축적된다. 인간적 행복을 원하는 사람은 칭찬을 더 많이 하고 시기심을 줄여야 한다." 라고 러셀은 말했다.

결국 사람들은 시간이 늘어난 만큼 즐거움을 찾아 여가나 레저, 엔터테인먼트, 자기계발에 관심을 가지기 시작했다. 여기에 테크놀로지의 발전과 과학의 진보가 결합되면서 더 넓은 문화를 보급시키고 자신을 찾아 나서고 있다. 문화의 다양성을 보면 영화를 만들고, 개인 음반이 나오고, 게임과 레저스포츠 등으로 나타났다. 산업사회의 문화는 이렇게 계속 발전되어 왔다. 여가시간이 늘어나고 문화생활이 윤택해진 것은 산업사회(Industrial Society)와는 구분되는 탈산업사회(Post-industrial Society)의 주요한 징후 중 하나이기도 하다. 이러한 이분법적 문화는 여가선용이나 인간다운 삶의 향유 차원에서 그치지 않았고, 점차 산업과 결부되기 시작했다. 문화의 본질은 칭찬으로 부터 친해지는 향유적 문화에서 시작되는 것처럼 대중이 모이는 자체가 하나의 산업이 되었다. 다양한 수요가 결국 돈이 되고 세상을 지배하고 있다. 요즘은 '문화'와 '상품(Product)'의 합성어인 '컬덕트(Cul-duct)'가 사람을 수용하고 있다.

자본주의 사회에서 가지고 있는 문화는 다양한 문화 속에 개인의 성향을 나타내는 단체들의 본능적 발전 성향을 보이기 시작했다. 자본(돈)이 가장 근본이 되는 사회는 문화도 자본의 논리로부터 벗어날 수는 없다. 문화가 중요해지면 사회 전체의 총 생산량 중 문화산업이 차지하는 비중이 점점 커지고 수익은 우리나라가 한 해 동안 자동차수출을 해서 벌어들인 총액을 능가하고 있다.

3차 서비스 산업을 넘어 4차IT산업에 진입했다. 21세기의 새로운 풍속도인 문화산업은 국가의 경쟁력으로 대두되면서 미래의 주도권을 놓고 보이지 않는 문화전쟁은 시작됐다.

07.
장점을 찾아라

모든 사람에게는 반드시 그 나름대로의 장점이나 미점(美點)을 가지고 있다. 이 장점이나 미점을 찾아 칭찬한다는 것은 듣는 이로 하여금 자신의 존재가치를 인식하게 하는 기회를 주는 것이다.

그러므로 자기의 장점이나 미점을 인정받는다는 것은 인간에게 있어서 큰 기쁨이고 그 기쁨을 부여해 주는 당신은 사랑 받기에 충분하다. 또한 다른 사람의 장점이나 미점을 찾으려 노력한다는 것은 당신의 인간됨을 보다 풍요로운 것으로 만들고 보다 많은 것을 사랑할 능력을 키우는 일이기도 하다.

다른 사람의 장점은 언제 어디에서든지 찾을 수 있는데, 예를 들어 교육 과정상에서 찾아보면 다음과 같은 것들이다.

- 표정이나 태도에서는 표정의 밝음이나 발랄함, 생기 있는 태도, 차분한 태도 등이며
- 말씨, 표현력에서는 정중한 말씨, 독특한 표현력, 설득력 등이다.

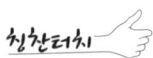

- 발표 시 조리 있게 말하는 방법에서는 정리를 잘 하는 방법, 남다른 개성, 논조에 맞게 결 론 맺는 법, 발표 시의 자세, 조리 있게 설명 하는 방법, 적절한 시간 배분 법 등이며
- 그룹토의 실습에서는 토의의 활발함, 시간 배분, 역할 분담, 실습시의 열성, 좋은 결과 등이다.
- 기타에서도 질문의 방법, 답변하는 방법, 집합시간 엄수, 예의 등에서 찾을 수 있다.

프랑스 샹송가스 줄리에트 그레코는 퀭한 눈에 우뚝 선 코를 가진 그저 볼품없는 무명가수에 불과하였다. 그러던 그녀가 자신의 외모에 용기를 갖기 시작한 것은 그녀의 '눈'에 관한 어떤 손님 의 칭찬 때문이었다고 한다.

샹쥬르망 거리에 있는 한 카페에서 노래를 부르던 그녀는 어느 날 이런 속삭임을 들었다.

"저 아가씨의 눈에는 백만 볼트의 전압이 번쩍여!" 이 날 이후 그녀는 자신의 외모에 자신감을 갖게 되었고 속눈썹 화장 외에는 그 어떤 화장도 하지 않았다고 한다.

한국이 낳은 세계적인 스타요 프리마돈나인 조수미는 어느 TV쇼에 출연하여 이렇게 이야기 하였다. "중등학교 시절부터 노래를 불렀는데, '음색이 아주 좋다'는 칭찬을 듣게 되었다. 그리고 상을 받았다. 그 때부터 자신감을 갖게 되었으며 계속해서 노래를 불러 오늘에 이르게 되었다."

사람은 저마다 제 스스로도 잘 알지 못하고 사용하지 못하는 많은 잠재력을 지니고 있다. 그렇기 때문에 상대방의 잠재적 장점을 발견하여 칭찬해 주는 일은 아주 중요하다.

상대방의 장점을 인정해 주는 것은 그 자신도 모르고 있던 새로운

가치를 인식시켜 주는 것이며 그 사람에게 새로운 삶의 국면을 개척시켜 주는 일이고 최고의 칭찬꺼리를 제공하는 일이다.

08.
인간은 칭찬에 약하다

다 큰 어른이나 자라나는 아이를 가리지 않고 인간은 모두 칭찬에 약하다. 칭찬받고 화를 낼 사람은 아무도 없다. 누구나 지난 경험을 생각해 봐도 이것은 분명한 일이다.

칭찬한다는 것은 상대를 높이 평가하고 있다는 자신의 마음을 상대에게 전달하는 일이다.

누구나 자신이 높게 평가를 받게 되면 기분이 좋아진다. 이것은 인간에게 있어서 공통적인 심리이다.

마음속에 아름다운 자신, 사람의 눈에 매력적으로 비치는 자신, 주위의 칭찬을 받고 있는 자신 등 자기 멋대로 환상적인 자신을 떠올리며 그 실현을 바라고 있다.

따라서 주위에서 칭찬을 해 주거나 여러 사람 눈에 띄거나하면 자기애(自己愛)가 충족되는 것이다.

한편 사람들은 누구나 자기의 자아욕구에 따라 행동한다. 그러나 사람마다 자아욕구를 충족하는 기준은 다르다.

어떤 사람은 돈보다 명예를 소중히 하고 또 어떤 사람은 돈을 먼저 생각하는 사람도 있을 수 있다. 또 다른 사람은 사랑이나 우정을 인생의 최고의 가치로 생각하기도 않다.

자아욕구는 자기만족이며 자기 사랑이다. 칭찬은 자아욕구를 충족시켜 주는 좋은 방편이다.

그런 의미에서 미국 코네티컷 주 주부들을 대상으로 행해진 연구 결과는 아주 흥미롭다.

연구자들은 비영리단체의 후원금 모금이 시작되기 일주일 전에 미리 주부들에게 "참 자비심이 많은 분"이라는 칭찬을 해 주었다. 그리고 일주일 후 모금을 한 결과 칭찬을 듣지 않은 주부보다 칭찬을 들었던 주부들이 훨씬 더 많은 기부를 했다는 사실을 확인할 수 있었다.

칭찬이 자아욕구를 충족시킨다는 사실을 증명하는 사례다.

나폴레옹은 칭찬받기를 싫어했던 사람으로 알려져 있다.

어느 날 부하 한 명이 나폴레옹에게 이렇게 말하였다.

"저는 각하를 대단히 존경합니다. 그것은 각하의 칭찬을 싫어하는 그 성품이 마음에 들었기 때문입니다."

이 말을 들은 나폴레옹은 몹시 흐뭇해했다고 한다.

역시 나폴레옹도 칭찬에는 약한 인간이었음을 입증한 것이다.

칭찬을 싫어하는 그 성품이 마음에 들었다는 말 자체가 칭찬을 의미하기 때문이다.

칭찬의 말은 밑천이 들이 않지만 칭찬을 받은 사람은 그 대가를 비싸게 치러줄 것이다.

영국의 소설가 서머셋 모옴(W.S.Maugham)은 "사람들은 당신에게 비평을 원하지만 사실은 칭찬받고 싶어 할 뿐이다.(People ask you for criticism, but they only want praise)"라고 하였다.

09.
칭찬은 판단에서 이루어진다

　인간관계를 부드럽게 하는데 있어서 매우 중요한 법칙은 상대방이 나에게 무엇인가 해주기를 원하는 것처럼 나도 상대방에게 베풀라는 것이다. 그리고 눈을 크게 뜨고 상대방의 장점을 보려고 노력해야 한다는 것이다.
　인도의 지도자 간디는 사람들을 평가할 때 그들의 단점을 보려고 하지 않았다고 한다.
　그는 사람을 현재의 모습대로가 아니라 그 사람 안의 선(善)하고 좋은 점이 발휘되어 훌륭한 인간이 된 미래의 모습으로 변화시켜 평가했다고 한다.
　정말로 상대를 높이 평가하려는 마음이 있으면 반드시 상대방에게 그 진의(眞意)가 전달되게 된다. 그러나 억지나 무리를 해서 칭찬을 하게 되면 표현상의 기술이 아무리 우수하다고 할지라도 칭찬으로 여겨지지 않는다. 유태민족의 오래된 지혜서인 『탈무드』에는 하느님도 다음과 같은 경우에는 칭찬한다고 하여 칭찬을 장려하고 있다.

- 가난한 사람이 거리에서 물건을 주웠으나 그것을 임자에게 돌려주는 일
- 부자인 사람이 남 몰래 자기수입의 10분의1을 가난한 사람에게 주는 사람
- 도시에 살고 있는 독신자(獨身者)로서 죄(罪)를 범하지 않고 사는 사람

『신세대 직장인 50훈』의 저자 조재천씨는 자기가 직장 상사로부터 칭찬받은 일을 이렇게 기술하고 있다.

프로그램을 작성하는 능력이 미숙할 즈음, 과장님으로부터 공장에서 생산되는 제품의 품질을 관리할 수 있는 프로그램을 작성하라는 지시를 받았다.

지금까지 교육용 프로그램만을 작성하다가 처음으로 현장에서 직접 활용될 수 있는 프로그램을 짠다고 생각하니 가슴이 뛰었다. 선배들 못지않게 훌륭한 프로그램을 짜보고 싶었다.

그 동안 배운 이론을 바탕으로 검토에 검토를 거듭하여 완벽하다는 판단이 서자, 과장님 앞에서 최종 테스트를 가졌다. 노력의 대가는 충분했고 프로그램은 훌륭히 작동되었다.

'이 친구 잭나이프구만!'

그 후부터 나는 '조 잭'이라는 별명이 붙어 다녔고 나는 업무처리에 있어서 '잭나이프' 같은 예리함을 보이기 위해 더욱더 많은 노력을 했다.

그리고 그 후로도 과장님은 나의 조그만 장점을 찾는 데 많은 관심을 보였으며 그 때 마다 칭찬을 게을리 하지 않으셨다.

하지만 칭찬이 언제 어디서나 모든 사람에게 환영 받는 건 아니다. 어느 때는 실패할 때도 있다.

왜냐하면 인간관계는 상대방을 보는 관점에 따라 확연히 달라지기 때문이다.

그래서 칭찬하기 전에는 상대방의 행동이나 모습을 언제 어떻게 칭찬할 것인가를 먼저 결정해야 한다. 이것은 시간과 장소, 상황에 따라 달라진다.

칭찬의 심리전략 10계명

01. 칭찬은 기쁨이다
02. 상대의 가치를 인정하라
03. 먼저 심리상태를 파악하라
04. 욕구를 충족시켜라
05. 우월감을 만족시켜라
06. 명예욕을 들추어라
07. 자존심을 채워줘라
08. 업적을 찬양하라
09. 뜻밖의 일을 칭찬하라
10. 탁월한 능력을 칭찬하라

칭찬을 무시하거나 또는 무조건 남을 칭찬하는 것은
상대편을 비난하는 것과 마찬가지로
상대편의 마음을 거슬리게 하는 자극이 된다.

- 펄 S. 벅 -

제 2 장
칭찬, 어떻게 할 것인가!

"칭찬을 아끼지 말라.
X세대가 원하는 것은 봉급이 아니다.
그들은 보람을 원한다."

01.
대상을 확인하라

상대방의 행동이나 모습을 본 대로 느낀 대로 좋은 것을 좋다고 하는 것이 칭찬이다. 그러나 그것만으로는 부족하다. 상대방도 모르고 있던 사실, 남들이 아직까지 말해주지 않았던 부분을 말해줘야 한다. 그래야 최고의 칭찬으로서 효과가 있는 것이다.

칭찬꺼리가 없다고요?

상대방에 대해서 칭찬의 소재가 없는 것이 아니라, 칭찬할 만한 마음의 여유가 없는 것이다. 누구든지 칭찬의 '꺼리'를 가지고 있게 마련이다. 단지 발견하지 못했을 뿐이다. 그것을 찾아내야 한다.

칭찬의 눈으로 세상을 바라보면 주위의 모든 것이 칭찬의 대상으로 변한다.

어떤 면에서 사람들은 무엇인가를 남에게 보이고 싶어 한다.

그리고 그 보이고 싶다는 마음은 자랑하고 싶다는 생각과도 같다. 이 자랑하고 뽐내고 싶은 마음이 곧 행동으로 나타나게 된다.

그냥 별로 자랑스러움을 못 느끼고 그럭저럭 하루하루 살아가고 있을지라도, 우리 모두가 존경하며 칭찬해야 할 자랑꺼리는 우리들의 주변에 상당히 많이 깔려 있다는 것이다.

어떤 사람이 지하철에서 낯선 사람과 대화를 나누었다.

"실례합니다만, 최근 이렇게 훌륭한 바느질 솜씨는 좀처럼 보기 어렵습니다. 양복감도 최신이군요. 저는 오랫동안 백화점에서 신사복을 다루어 왔기 때문에 잘 알 수 있습니다."

칭찬받은 사람은 어지간히 이 말이 기뻤던지, 얼마 동안 회사에서 만나는 사람들에게 이 이야기를 하곤 했다.

"좋은 양복이란 전문가가 보면 곧 알 수 있는 모양이야. 이것은 S백화점에서 최고의 것이지." 이처럼 별 것 아닌 일이지만, 관심을 가져 준 일에 대한 기쁨은 다른 사람이 생각하는 이상의 것이다.

모 기업체의 지역본부장이 서울 회의에 참석하고 왔다.

회의 내용을 전달하는 자리에서 이런 이야기를 꺼냈다.

"최부장, 자네 본부의 이사님이 그러는데, 최부장이 우리 회사 개혁을 위한 아이디어를 보내줘서 고맙고, 그 내용이 매우 참신했다고 하더군!"

그 이야기를 들은 최부장은 기분이 매우 좋아졌고 곧 감사의 편지를 썼다. 내가 맡은 업무에 대하여 더 많은 연구를 해야겠다는 각오와 함께.

상대방의 무엇을 찾아 칭찬할 것인가를 확인해야 한다.

02.
행동 스타일을 파악하라

인간은 개인차(individual difference)를 갖고 있다.

인간은 그 사람만의 본능, 욕구, 감정, 의지, 사고유형 등등 수많은 요소들에 의해 형성된 존재이다.

그 수많은 요소들이 인간 개개인 안에 잠재되어 있으며, 그 중 어떤 특정 요소들만이 표면화되어 있는 것이다.

가장 바람직한 것은 인간의 내재된 심리까지 파악하여 칭찬하는 것이다. 그러나 우리가 보편적으로 어떤 사람을 평가하고 칭찬하는 것은 그 사람의 전체를 보고 하는 것이 아니라 그 중 표면화 된 행동과 모습을 보고 이야기하게 된다.

표면화 된 사람들이 행동은 남이 단순히 지켜보기만 해도 변한다. 또 일을 혼자 하느냐 협동하여 팀워크를 이루어 하느냐에 따라서도 달라진다.

칭찬을 잘 하기 위해서는 상대방의 표면화된 행동 스타일을

세밀히 관찰할 필요가 있다. 관찰한 것이 많으면 많을수록 칭찬 꺼리도 많아진다.

그래서 상대방의 표정이나 태도, 움직임에 관심을 가지고 뭔가 상대방의 장점을 파악해 내려고 하는 그 자세가 결국은 좋은 인간관계를 만들게 한다.

유능한 세일즈맨 일수록 상대방의 행동스타일과 심리상태를 살피는 데 남다른 안목을 가지고 있다.

상대방의 마음이 편치 않을 때는 결코 자기주장이나 설득을 하려 하지 않는다. 또 상대방이 바쁠 때는 말없이 자리를 피해준다. 그래서 상대방의 사정을 고려하지 않고 '파는 일'에만 급급해 하는 어리석은 과오를 범하지는 않는다.

1차 세계대전 당시 프랑스의 명장 페팅(H.P.Petain)원수는 새 장교가 자신의 참모로 추천되면 추천된 장교를 시골로 데리고 나가 전술적인 문제 하나를 제기한 다음 자신이 먼저 해결책을 제시한다. 그리고 그 장교가 무조건 따르는 '예스맨'으로 밝혔지만 그를 받아들이지 않았다고 한다.

그러나 그 장교가 장군의 생각을 존중하면서도 문제점을 명확하게 비판하면 그를 칭찬하고 참모에 임명했다고 한다.

90년대 미국 직장구조의 중요한 특징 중의 하나는 베이비부머와 X세대의 결합이라고 할 수 있다. 40대와 50대 초반의 베이비부머가 중간 관리 층을 형성하면 그 밑은 20대와 30대 초반의 X세대로 채워진다.

문제는 양자가 한 팀을 이루지만 상호 이해의 폭이 반드시 넓지만은 않다는 데 있다. 베이비부머의 눈에 X세대는 이기적이고 즉흥적인 응석받이 정도로 밖에 보이지 않고, 반대로 X세대의 눈에 베이비부머는 일밖에 모르고 권위에 맹종하는 소심한 봉급생활자로 비쳐진다.

『워싱턴포스트지』는 X세대와 좋은 관계를 유지하고 그들의 잠재력을 최대한 끌어내기 위해 베이비부머가 명심해야 할 8개항의 직장수칙을 경제면에 소개하고 있는데 여섯 번째가 "칭찬을 아끼지 말라. X세대가 원하는 것은 반드시 많은 봉급이 아니다. 그들은 보람을 원한다."고 충고하고 있다.

03.
표현방법을 강구하라

칭찬을 어떻게 표현하여 전달할 것 인가.
칭찬도 일종의 선물이나 공물이다.
그렇다면 선물은 기분 좋게 주고 받아야 한다.

칭찬은 구체적인 사실에 대하여 구체적으로 해야 한다.
구체적으로 칭찬한다는 것은 칭찬하는 상황에 초점을 맞추기 보다는 상대방의 구체적인 행동스타일이나 모습을 칭찬하는 것을 의미한다. 구체적으로 칭찬하는 것은 상대방의 어디의, 어느 부분이, 왜 칭찬받을 수 있는가를 납득하기 쉽게 만든다.
그것과 동시에 '거기까지 잘 살피고 있었구나!' 하는 생각도 갖게 만들어준다.
예를 들면, 직장에서는 이렇게 표현해야 한다.
"○○씨는 말의 센스가 참 좋군요!"

"이 보고서는 내용이 아주 간결하여 알기 쉽게 되어있습니다."
"이 자료의 사례는 우리의 피부에 와 닿는 것 같습니다."
모 은행은 박○○원의 불친절로 인하여 친절평가에서 하위점수를 얻어 지점장이 직무대기를 당하는 수모를 겪었다. 그리고 고객들로부터도 항의 전화와 투서를 받고 있었다.

그러나 지점장은 담당직원을 문책하기 보다는 '칭찬'이라는 현명한 해결책을 선택하였다.

"박○○씨! 일 처리가 빠르고 정확하다고 손님께서 박○○씨를 칭찬하더군. 앞으로도 계속해서 그렇게 빠르고 정확하며 친절하게 고객을 상대해 줘요!"

이 후 그 직원의 태도는 크게 달라졌으며 그 지점 영업 창구의 분위기도 새로워졌다는 것이다.

지점장은 인간의 심리를 잘 이용하여 그에 따르는 적절한 표현방법으로 직원을 교육시킨 것이다.

사람을 움직이는 비결에 관한 록펠러(J.Rockefeller)의 이야기가 있다.

에드워드 베드포드라는 그의 공동 출자자가 있었는데, 이 사나이는 남미에서 어리석은 구매로 인하여 회사에 1백만 달러의 손해를 입혔다. 다른 사람 같았으면 아마 노발대발했을 것이다.

그러나 록펠러는 베드포드가 최선을 다한 것을 알고 있었다.

더구나 일은 이미 끝난 뒤였다.

거기서 그는 거꾸로 상대에게 칭찬할 자료를 찾아내었다.

즉 베드포드가 투자액의 60%까지 회수할 수 있게 된 것을 알고는 지체 없이, "그것 잘됐다. 그만큼 회수한 것만도 대단한 솜씨인걸!" 라고 말했다. 말의 맛은 음영과 뉘앙스다.

　칭찬의 표현은 구체적 사실에 바탕을 두고 말의 음영과 뉘앙스를 맞추는 표현방법을 써야 한다.

04.
주변상항을 고려하라

우리는 어떤 눈으로 세상을 바라볼까?

우리는 어떤 안경을 쓰고 상대방을 바라보고 있을까?

상대방에게 적절한 칭찬을 할 수 있으려면 우선 상대방의 상황을 파악하고 있어야 한다.

상대방의 입장을 인정하는 것은 곧 칭찬으로 연결할 수 있다.

그러기 위해서는 우선 내가 변해야 한다.

고정관념을 버리고 사물을 제대로 살필 수 있는 안목을 길러야 한다.

무엇보다 서로의 입장을 바꾸어 생각해 봐야 한다는 것이다.

- 상대방은 지금 어떤 기분일까?
- 상대방은 어떤 상황에 처해 있는 것일까?
- 상대방의 행동 중 어느 점이 뛰어나고 남다른가?
- 상대방의 행동 중 내가 타산지석(他山之石)으로 삼을 수 있는 점은 무엇인가?

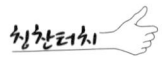

- 상대방은 어디에 관심을 쏟고 있는가?
- 상대방은 자기신체(복장·의상)의 어느 부분을 자랑하고 싶어하는가?

그리고 또 하나는 자기 자신이 먼저 긍정적인 사고를 가져야 한다는 것이다.

앞에서 말한 것처럼 인간은 누구나 잠재력을 갖고 있으며 기대 받고 있는 사람이라는 느낌만으로도 달라질 수 있다.

관심과 애정이 담긴 칭찬과 기대를 받아서 "할 수 있다." "가능하다."는 자부심을 갖게 되면 더 많은 노력을 할 수 밖에 없다.

그래서 가정의 자녀교육에서 '숙제'를 아주 깔끔히 일찍 끝냈을 때 부모가 "야! 대단히 큰 결심을 했구나!" "정말 멋지게 해 냈구나!"라고 긍정적인 이미지를 갖게 해 주어야 한다.

반면에 "뭐야! 아직도 못했어!" "그 정도 밖에 안 돼! 노력이 없잖아!"라고 면박을 주는 말투는 자녀의 기분과 의욕을 꺾어 놓고 만다.

연수원에서 연수생의 상황에 맞는 칭찬의 시기를 생각해 보면

- 연수생에게 어떤 자극이 필요하다고 느꼈을 때
- 연수생의 어떤 주제 발표에 대한 평가를 하고 있을 때
- 연수생이 좋은 결과를 냈다고 생각되어 질 때 등이다.

상대방의 주변 상황이나 기분 등을 고려한 칭찬은 듣는 이로 하여금 자부심과 의욕을 갖게 한다.

05.
칭찬을 창조하라

인간은 세상을 창조하고 고난을 극복하려는 동기를 가지고 있다. 이것이 바로 인간의 기본적인 동기 중 하나인 우월추구(Striving for superiority)동기다. 우월추구는 인간의 생활을 지배하는 기초적인 동기다. 그런 면에서 인생은 우월에 대한 추구 없이는 생각할 수 없다.

자기의 세계에서는 자기가 가장 중요하다는 것을 느끼고 싶어하고 주위 사람들에게는 자기의 가치가 인정되기를 바란다. 상투적인 공치사가 아닌 진심에서 나오는 솔직한 칭찬을 기대하는 것이다.

하지만 칭찬이 아무리 좋다 하더라도 겉치레 칭찬을 해서는 안 된다. 겉치레 칭찬은 해(害)를 가져다주며 가짜이다.

겉치레 칭찬은 위조지폐와 같아서 통용시키려해도 결국 발각되어 벌을 받게 된다.

영국의 조지 5세 왕은 버킹검 궁전의 서재에 6개조의 금언을

걸어 놓았는데, 그 하나가 "값싼 칭찬은 주지도 말고 받지도 말라!"라는 말이다. 그렇다면 좋은 칭찬을 하기 위해서는 어떻게 해야 하는가? 좋은 칭찬을 전개하기 위해서는 의식적으로라도 멋진 창조를 꾀할 수 있어야 한다.

무엇인가 창조한다는 것은 인간의 자아실현 욕구와 일치하는 것이며 새로운 분야나 일을 창의·연구 하는 것은 인생 최고의 기쁨일 수 있기 때문이다.
 이런 이유에서 기업이나, 가정이나, 사회에서도 독창적 아이디어를 원하는 것이다. 창조력을 기르는 것이야 말로 요구하는 우수한 인재가 되는 지름길인 것이다.
 창조적 과정은 개방된 마음에서 우러나오는 것이며 우리는 어떤 상황에서 획일적인 정답을 찾으려는 습관을 버려야 한다.
 그런 면에서 조직에서는 구성원들의 창조적 사고를 늘려주는 노력을 계속해서 해야 한다.
 '경영의 귀재'로 알려진 마쓰시타(松下辛之助)회장은 사람을 다루는 솜씨, 그 중에서도 책망과 칭찬하는 방법이 아주 절묘했다고 한다.
 마쓰시타 회장 밑에서 오랫동안 근무했던 전 산요전기 부사장 고토다씨의 말에 의하면 마쓰시다 회장이 어느 날 고토다씨의 조그마한 실수를 크게 꾸짖으면서 난롯불을 지피는 쇠막대기를 마룻바닥에 세게 내리쳤다.
 풀이 죽어 돌아가는 고토다씨에게 "화가 나서 내리쳤더니 그만 쇠막대기가 이렇게 구부러졌네. 이것 좀 바로 펴 놓고 가지 않겠어?"

라고 마쓰시다 회장은 이야기 했다.

  고토다씨가 망치로 겨우 펴 가지고 가니까 마쓰시타 회장은 "잘 되었어, 전보다 더 잘 되었어, 자네 참 쓸모가 많은 사람이군!" 하고 칭찬하더라는 것이다. 중국 전국시대 사람 맹자는 장년기 20년 동안 천하를 돌아다니며 자신의 사상을 알리는 것으로 보냈다.

  그는 여러 나라 왕과 만나 인의(仁義)에 의한 왕도정치를 설교하고 돌아다닌 것이다.

  그이 설득과 이야기 속에는 다음과 같은 세 가지 특징을 지녔다.

- 반문(反問)하는 형식을 많이 이용하였고
- 상대를 높여주는 칭찬의 방법을 찾아 사용하였다.
- 그리고 하나하나의 논리에 초점을 맞추면서 질문해 들어가는 교육방법을 택하였다.

  삼성의 이건희 회장은 지난 8월 하순 신라호텔에서 회장단과 사장단이 참석하는 'IOC위원 피선 축하연'을 열었다.

  그 자리에서 이회장은 한 원로급 임원에게 "선대회장 시절과 지금의 차이점이 뭐냐!"고 질문했다.

  "선대회장 시절엔 사장들이 회장의 의중을 파악하고 그에 맞춰 행동하는 데 보다 많은 관심을 기울였으나, 지금은 회장께서 IOC위원에 선임된 것처럼 전 세계적으로 활동하다보니 사장들의 관심도 자연히 세계화나 국제화 등에 많이 쏠려 있다."고 답했다고 한다.

  여기 사례에서 보듯이 마쓰시타 회장이나 맹자, 삼성의 원로 임원은 매우 멋진 칭찬을 창조해 내었다.

칭찬의 창조는 개방된 마음과 획일적 사고의 틀에서 벗어나서야 비로소 만들 수 있다.

06.
반응을 탐색하라

인간은 어떤 자극을 받으면 일정한 말이나 행동으로써 반응을 나타낸다.

칭찬을 전달하고 나서 상대방의 마음과 반응을 정확하게 읽어본다는 것은 본인은 물론 상대방에게 아주 중요한 일이다. 그것은 칭찬을 효과적으로 전개하는데 있어서 성공의 비결이기 때문이다.

어떤 사람이 남들과 같은 처지에 놓여있을 때 칭찬을 들었다고해서 다른 사람들도 똑 같은 마음과 반응을 나타내리라고 기대해서는 안 된다. 그래서 상대방을 꿰뚫어 봐야 한다.

그러나 사람의 마음을 직접적으로 알 수는 없다.

단지 그 사람의 표정이나 행동 혹은 말의 내용에서 추측해 낼 수는 있다. 마음은 눈에 보이지 않는다.

인간의 마음은 상대방이 무의식중에 뱉은 말이나 사소한 동작

또는 태도, 표정 등을 통해서 짐작할 수가 있다. 예를 들어보면

- 상대방의 말에서 마음과 반응을 읽을 수 있다.
  그의 말에 의하여 그 사람의 의지나 기분을 알 수 있다.
  이는 말을 있는 그대로 받아들이는 경우뿐 아니라, 왜 그와 같은 말을 했을까? 를 분석함으로써 그 사람의 마음과 반응을 정확히 읽을 수 있다. 인간의 마음의 변화는 얼굴로 나타나기 때문에 상대방이 어떠한 감정 상태에 있는지 그 사람 표정을 보고 판단할 수 있다.
- 상대방의 표정에서 마음과 반응을 읽을 수 있다.
  인간의 마음의 변화는 얼굴로 나타나기 때문에 상대방이 어떠한 감정 상태에 있는지 그 사람 표정을 보고 판단할 수 있다.
- 상대방의 행동에서 마음을 읽을 수 있다.
  인간의 행동은 본인을 둘러싼 주변의 갖가지 자극에 대한 마음의 기제, 즉 안전장치에 의해 만들어진 형태로 표출되는 경우가 많다. 그래서 그 사람의 행동을 통하여 마음을 읽을 수 있다.
- 상대방의 눈동자로 마음과 반응을 읽을 수 있다.
  눈동자의 크기로도 상대방의 그 시점의 감정을 읽을 수 있는데 칭찬을 받고 '아니요! 그렇지 않아요. 별로요"라고 말하면서도 눈동자가 열려 있다면 마음도 열려있음이 틀림없다.
- 신체언어로 마음과 반응을 읽을 수 있다.
  인간의 감정은 얼굴만이 아니라 신체 전체의 움직임에도 나타난다. 그래서 상대방의 감정을 읽으려면 얼굴 표정의 변화보다 신체동작에 주목하는 편이 좋다.
  이것을 미국의 심리학자 메브러비언(A.Mehrbabion)은 '신체 언어'라고 표현했다.
  호감을 나타낸다든지, 매력적인 인상을 받는 신체언어는 몸의 자세가 굳어 있지 않고 앞으로 조금 숙인 자세에서 상대를 바로 쳐다보면서 자연스럽게 대화를 나누는 것이다.
- 상대방의 모든 것에서 마음과 반응을 읽을 수 있다.
  인간이 자기의 마음을 표현하는 수단은 비단 언어나 표정, 태도, 행동만이 아니다. 이 모든 것들을 종합하여 관찰해야만 이 사람의 마음과 반응을 정확하게 읽을 수 있다.

우리나라 교육공무원 몇 분이 95년 가을 독일 뮨센지방의 바이바(Baywa) 농민 연수원을 방문하였을 때의 일이다.

약속시간보다 늦게 도착했다는 이유에선지 안내자의 얼굴에는 표정하나 없이 무뚝뚝했다.

연수원 시설을 둘러보는 도중에 안내자는 자기 연구실을 공개해 주었다. 그런데 교수 한 분이 "연구실의 정리정돈, 그리고 이 고성(古城)과 연구실이 멋진 조화를 이루고 있다."는 칭찬을 하였다.

그러자 안내자는 곧바로 호감을 나타냈다.

그리고 자기의 연구실에서 사진촬영을 하자고 제의하였다.

방문 팀은 웃는 얼굴로 사진촬영을 하고 그 곳 연수원에서 계획에 없던 점심식사까지 제공받을 수 있었다.

칭찬에 대한 반응을 탐색하는 것은 상대방의 마음의 움직임을 파악하고 그에 적절히 대응하여 바람직한 칭찬을 창조·유지 하려는 데 있다.

칭찬의 전개 원칙 10계명

01. 마음의 여유를 가져라
02. 칭찬꺼리를 찾아라
03. 대상을 확인하라
04. 행동스타일을 파악하라
05. 칭찬을 창조하라
06. 표현방법을 강구하라
07. 주변상황을 고려하라
08. 칭찬을 제공하라
09. 반응을 탐색하라
10. 다음 칭찬을 준비하라

칭찬은 추구하는 자가 찾는 것이 아니다.
그것은 마치 돌과 같아서 좇아가면 도망가지만
피하면 따라온다

- 안토니 리바롤 -

제 3 장
칭찬을 만들어내는 놀라운 결과들

"삼고초려는 칭찬의 백미이다.
유비는 공명의 재주를 칭찬한 것이지만
결국은 자신의 넓은
도량을 보여준 셈이 되었다."

01.
칭찬의 주도권이 만드는
문화콘텐츠

혁신주도형 경제와 문화콘텐츠 육성을 위해 참여정부는 어떻게 국제 시장에 진출한 할 것이 최대의 과제로 떠오르고 있다.

세기의 혁신(革新, innovation)은 그야말로 시대적 화두가 되고 있다.

참여정부는 기술혁신, 시스템혁신, 문화혁신 등 소위 3대 혁신을 주창했고 그 후 줄곧 '혁신적 성장전략'을 정책기조로 추진해오고 있다.

지난 정부들의 국토균형발전이나 지역혁신체제(RIS)의 경제혁신은 공기업의 경영혁신이나 국가과학기술혁신체계(NIS) 개인의 발전 성향의 로드맵 등 모두 같은 맥락으로 혁신을 위해 과감히 시도하고 있다.

정부조직과 공공기관에서 시작된 바람은 기업과 지방자치체에서

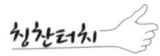

도 큰 공감을 불러일으키고 있다. 심지어 개인이나 대기업이 공공기관의 혁신성공사례를 벤치마킹 하기도하는 일을 위해 여행의 자유를 개방했고 이는 국제 문화에 한 발 다가선 계기가 되었다.

하지만 국제여행자유화로 벤치마킹하는 사례가 성공을 가져오지는 않았다. 발전요소를 가진 문화에서 결합할 수 있는 능동적인 벤치마킹이 되어야 한다. 특히 지난 정부들에서 '혁신주도형 경제(Innovation Driven Economy)'를 거듭 강조한 키워드 하나를 꼽는 '창조'와 '혁신'은 초일류를 가능하게 한다는 믿음에서 비롯된 것이다. 그렇다면 도대체 혁신이란 어떻게 하는 것이고 어디서부터 해야 하는지를 놓고는 누구도 대답을 하기 어렵다. 바꾸기는 바꾸어야 하는데, 누가 무엇을 바꿀 것이고, 어떻게 바꿀 것인지가 사회의 문제점이다. 이를 위해 정부는 수많은 대안을 내 놓고 있다. 하지만 성공적인 대안은 끝내 없을 것이다. 다만 문화를 바꾸어 나가는 노력이 장기화 될수록 훨씬 쉬울 것이다. 그 이유는 첨단과학에 의한 IT기반 구축이 되기 때문이다. 혁신은 사전적 의미로는 '제도나 방법, 조직이나 풍습 따위를 고치거나 버리고 새롭게 함'을 뜻한다. 하지만 '단순히 고치고 개선하는 것'이 아니라 '근본적으로 새롭게 만들고 고치는 것'이다.

요킨대 혁신은 '업데이트(update)'가 아니라 '업그레이드(upgrade)'이며, 질적인 전환인 것이다. 이에 맞는 사회과학에서 '혁신'은 그리 새로운 용어는 아니다. 경제학에서 이미 조세프 슘페터(J.A.Schumpeter)가 경제 발전론을 이야기하며 혁신을 강조했었던 것처럼 그 혁신은 정신문화에서부터 개혁되고 혁신을 가져와야 한다.

슘페터가 말했던 이노베이션은 익히 인간이 가지고 있는 본능적 소비를 갈구하는 힘이 있고, 이를 창출한 개인의 가치와 능력을 말하고 있다. 이를 찾아내는 칭찬의 부재가 문화소비를 제한한 것이다. 칭찬의 재화 개발의 요소를 문화화 해야 한다.

남을 찬양하면 자신에게 돌아온다. 사람이란 자신을 칭찬하는 사람을 또 칭찬하고 함께 있고 싶어 한다. 칭찬은 더 잘하기 위한 노력을 수반하는 심리를 가지고 있다.

"일반적 소비는 경제를 감하고 환경을 오염시키지만 칭찬 소비는 창의성을 개발한다." 자기 개발을 유발하는 칭찬은 본능을 자극하는 심리 요인으로 탁월한 효과를 타내고 발전시킨다. 이러한 차원의 슘페터의 혁신의 핵심은 '연구개발에 의한 기술 및 지식창출, 교육훈련을 통한 인적 자본의 형성, 혁신적인 기업가정신'을 새롭게 유발하는 데에 있다.

프랑스의 고전경제학자 세이(Jean B. Say)가 '기업가 (Entrepreneur)'라는 말을 처음 사용한 후, 슘페터는 혁신에 있어서 '창조적 파괴자로서의 기업가의 책무, 정신'을 강조했다. 그의 '기업가 정신 (Entrepreneurship)'이란 '현재 내가 통제할 수 있는 자원에 구애 받지 않고 기회를 포착해 칭찬하고 추구하는 방식'을 말하는데 이는 주어진 틀을 벗어나지 못하는 정신과는 다른 혁신적 사고를 말한다. 이런 창조적 정신, 자기개발, 기업가 정신이야말로 혁신의 요체로 칭찬은 자기개발의 절대적 요소다.

루소는 "모든 예술가는 칭찬받기를 좋아하는데 그들에게는 그 시대의 사람들에게 받는 칭찬이야말로 예술가가 받는 보답 중에서 가장 가치 있는 일이다."

이는 현실에 비추어 볼 때 훨씬 더 생생하고 실질적인 자기개발이 논의되는 '요소주도형 단계'로 사람을 열중시키는 능력을 발휘하게 하는 최대의 재능을 끌어낸다. 특히 예술인들의 기량을 향상시키기 위해서는 끊임없이 칭찬을 하고 격려를 해준다면 창의적 능력이 가장 잘 발휘된다. 이와는 반대로 상사로부터 야단을 맞거나 질책은 인간의 창의성을 저해한다. 그래서 누구도 질책해서는 안 된다. 남을 격려하여 일에 의욕을 갖게 하고 믿음을 주어야 한다.

찰즈 슈워즈는 "사람을 칭찬하는 것을 아주 좋아하고, 남을 책망할 일은 아주 질색이다. 내가 좋아하는 것은 남의 노력을 진심으로 인정해주며, 칭찬을 아낌없이 주는 것이다." 라고 말했다. 기량을 높이는 '혁신주도형 단계'는 긴밀한 문화산업이 연관된 제품차별화, 기술혁신 및 창의적 인력양성 등에 의한 성장 경제이며, '부의 주도 단계'는 과거 이루어 부에 의존해 성장을 지속시키는 금융, 오락, 문화산업이 주도하는 것이다. 이러한 혁신주도형 요소투입이나 투자주도는 분명 한계를 가지고 있다. 어느 시점에 이르면 노동력이나 자원, 투자 드라이브만으로는 더 이상 질적인 업그레이드로 이어지지 못한다.

한국경제가 성장점을 보이기 시작한 1995년 국민소득 1만 달러 시점은 20년이 지난 현재 시점과 큰 변화로 볼 수 없다. 1960년대 60불을 상회하던 때를 뒤돌아본다면 현시대는 정체로 보아야 한다. "정체해 있는 현실에서 경제 발전 단계로는" "요소투입이라는 양적 확대에 의존한 성장에 한계"라고 볼 수 있다.

1970년대의 투자주도 단계에서 혁신주도 단계에 들어섰고, 독일이나 미국 등은 훨씬 오래 전에 혁신주도 단계에서 부의주도 단계에 와 있다. 그렇다면 우리 경제는 어떤 단계인가?

한국경제는 투자주도 단계에서 혁신주도 단계로 이행해야 하는 시점이라고 분석하고 있다. 이런 분석을 받아들인다면 현 정부가 주창하는 혁신전략과 '신 성장 동력론'은 아주 적절하고도 타당한 전략이라고 할 수 있지만 신 성장 동력은 주도형인 자기개발을 유도하는 칭찬에 있다고 보아야 한다. 이런 혁신주도형 경제에서 문화콘텐츠 산업은 개인으로부터 응집된 다양한 단체가 형성되어 더욱 진가를 발휘할 수 있는 시대다. 이들의 그룹이 성장엔진으로서 톡톡히 한 몫을 할 수 있기 때문이다. 문화산업이 만들어내는 고부가가치, 문화콘텐츠의 원소스(OSMU)의 특성, 콘텐츠 산업의 차별성 등으로 미루어 볼 때 문화콘텐츠 산업은 혁신주도형경제의 핵심 산업으로 자기주도형 개발 산업이다.

핵심 산업의 요람이 개인의 특성과 능력을 찾아내어 개발 발전시키는 오락적 문화산업이 부의주도 단계에서 지속 성장을 보장해주는 산업만 보더라도 이제 문화콘텐츠 산업은 발전의 요인인 혁신주도형 칭찬문화가 정착되어야 한다.

02.
칭찬과 아부는 다르다

나는 인간의 가장 기본적인 욕구 중의 하나가 '다른 사람들로부터 인정을 받는 일'이라고 누차 강조하여 왔다.

아무리 잘난 삶이라도 칭찬받기를 싫어하는 사람은 없고 더욱이 칭찬해 준 사람을 나쁘게 생각할리 없다는 것이다.

그래서 인간은 의례적인 칭찬이나 겉치레 인사 그리고 아부에 까지도 의외로 약한 경우가 있다.

그러나 칭찬을 하는 데도 따라야 할 원칙이 있다. 그것은 '진실성'이다.

정말로 칭찬해 줄만한 것을 칭찬해야 한다는 말이다.

인간은 가능한 한 누구나 심리적으로 안정을 찾고자 한다.

따라서 상대방을 치켜세우는 아부를 적절히 구사하는 것은 어떤 면에서 상대방의 긴장과 경계심을 누그러뜨리는 데 효과가 있을 수 있다.

 타이밍이 맞는 아부는 심리전에 있어 단순히 상대방의 아량에 영합한다는 차원을 넘어서 상대방의 심리적 무장해제를 가져오는 강력한 무기가 될 수 있다는 것이다. 그러나 가능하다면 아부 같은 것은 하지 않는 편이 낫겠다.

 아부와 칭찬을 구별하기란 그렇게 쉽지 않지만 아부는 대체로 그 사람의 성격과 관계가 깊다.

 약한 인간이 자기 보호를 위해 아부라는 성격을 갖게 된 경우도 있고 아부를 입신출세의 수단이라 생각하여 아부를 하는 경우도 있다. 그러나 아부는 어떤 형태로든 반대급부를 기대하고 있다.

 혐오감을 주는 아부는 계획된 경우로, 명백하게 반대급부를 기대한다. 따라서 대개 반대급부를 제공해 줄 수 있는 사람인 직장 상사에게 행해진다.

 알렉산더는 어렸을 때 철학자 아리스토텔레스로부터 신분이 높은 집의 자제들과 함께 공부하였다.

 한 번은 아리스토텔레스가 학생들에게 다음과 같은 질문을 하였다.

 "나중에 너희들의 손에 아버지의 많은 유산이 넘겨져왔을 때 너희들은 스승인 나를 어떻게 대우하겠는가?"

 그 때 한 학생은 이렇게 대답하였다.

 "저는 누구든지 선생님께 경의를 표하도록 하겠습니다. 그리고 선생님은 언제나 저와 함께 같은 식탁에서 식사를 하시게 될 것입니다." 그리고 또 한 학생은 이렇게 대답하였다. "선생님은 저의 제일

가는 고문이 되실 것입니다."

그러나 알렉산더는 화를 버럭 내며 다음과 같이 선생님께 말하였다고 한다. 선생님은 어떤 권리를 가지고 벌어지지 않은 미래에 대해서 질문하고 계십니까? 미래가 우리에게 주려고 하는 것을 내가 어떻게 알 수가 있겠습니까?

미래에 내가 선생님을 어떻게 대우할 것인가를 알려면 선생님은 기다리는 수밖에 없으실 것입니다. 그러자 선생님은 무례하다고도 할 수 있는 알렉산더의 대답에 대해 의외의 칭찬을 해 주었다고 한다.

"훌륭한 대답이었다. 알렉산더여, 장차 너는 정말 훌륭한 왕이 될 것이다." 알렉산더는 스승에게 따져 물었지만 스승은 오히려 알렉산더의 꾸밈없는 대답에 칭찬으로 화답한 것이다.

겉만 번지르르한 아부보다 인격이 담긴 칭찬의 말 한 마디가 훨씬 더 중요하다.

03.
남을 성장하게 만든다

　　미국의 한 심리학자는 인간의 동기를 결핍동기와 성장 동기로 구별한 일이 있다.
　　성장 동기(growth motivation)란 인간들이 과거에 달성한 업적을 초월하여 좀 더 큰 성취를 향해 나가려는 동기를 말하는 것이다.
　　보살핌, 주목, 애정, 인정, 사랑, 칭찬이야말로 우리가 상대방에게 줄 수 있는 가장 귀중한 선물이며 성장 동기를 끌어내는 유인 체다. 그래서 칭찬은 인간을 성장하게 만든다는 것이다.

　　인간이란 참으로 묘한 존재이다.
　　칭찬받는 일이 기뻐서 열심히 땀을 흘린다. 열심히 땀을 흘리다 보니까 재능은 더욱더 발휘되게 되고, 그 결과 바람직한 방향으로 성장하게 된다.
　　이런 점으로 미루어 볼 때 남을 칭찬하는 것 보다 더 우선되어야

할 것은 자신을 칭찬하는 것이다.

　자신이 매사에 얼마나 훌륭한가를 말하는 것도 다른 사람을 칭찬하는 것 못지않게 중요하다. 무슨 일을 하든지 정말 잘 하고 있다는 기분이 들도록 나를 추켜세우는 것이 필요하다.

　그러면 일을 할 때마다 점점 더 나아질 수 있다. 자기 스스로도 자신을 칭찬하면 자신이 점점 더 발전해 나가는 것을 느낄 수 있을 것이다.

　제주 신성여고 선생님인 현수산나 수녀님은 모 신문에 '칭찬 한 마디가 만든 만남' 이란 글을 실었는데 아주 감동적이다.

　몇 명의 여고생이 운동장에서 네잎클로버를 찾고 있었다.

　그들 곁을 지나가다가 왠지 침울한 표정을 짓고 앉아 있는 한 소녀에게 말을 걸었다.

　"네 본명이 뭐니?"

　"저는 신자가 아니에요"

　"그럼, 내가 미리 본명을 정해 줄까?" 만일 예비자 교리를 받고 영세를 받게 된다면 '로사'라는 세례명을 가지면 어떨까?"

　"로사? 로사가 무슨 뜻이에요?"

　"손을 내밀어 봐"

　그 학생의 손바닥에 'rosa' 라고 써 주었다.

　"rosa는 '장미'라는 뜻이야. 네 눈이 장미꽃처럼 예쁘니까 그 이름이 어울릴 것 같아!"

　그 소녀는 미소를 지으며 기뻐했고 그 다음 날 내 책상위에는 다음과 같은 내용이 적혀 있는 편지 한 통이 놓여 있었다.

"수녀님, 내 얘기를 들어줄 상대가 생겨 전 무척 기쁩니다!"

무남독녀인 이 학생은 대화할 상대가 없었기에 소심증에 걸려 있었다고 한다. 더욱이 무엇보다도 놀라운 사실은 성장하는 동안 칭찬을 거의 듣지 못했다는 것이다.

칭찬은 아이들의 마음에 기쁨과 용기를 준다. 칭찬을 한 번도 받지 못한 아이는 내면에 있는 가능성을 마음껏 발휘하지 못한다.

냉정한 비판과 평가만을 받으며 자란 아이들은 친구들과 잘 어울리지 못하고 의기소침하기 쉽다.

칭찬은 인간을 성장하게 하는 비료(肥料)이다.
인간이 잘 자랄 수 있도록 많은 칭찬의 비료를 주어야 한다.

04.
자신감을 갖게 한다

칭찬은 상대방으로 하여금 자신감을 갖게 해 준다.

불확실한 믿음이나 미숙함, 어정쩡한 태도 등을 갖고 있을 때 다른 사람으로부터 좋은 칭찬을 받게 되면 확신이 서게 된다.

내가 아는 공무원 한 분이 영어회화 강의를 듣기로 하고 학원에 나가기 시작하였다.

그러나 그는 참으로 어렵고 힘들어 하는 것 같았다. 무엇보다 영어를 잘 할 수 있다는 확신도 서 있지 않았다. 무슨 소리인지 도무지 알 수가 없다는 것이었다.

그런데 어느 날 만나보니 표정이 한결 밝아 보였고 계속해서 학원에 다닌다는 것이었다.

"재미있느냐?"고 물어 보았더니, 그 분은 웃으면서 시작한지 네 번째 주가 되는 날 끝나는 시간에 "선생님, 얼마나 지나야 귀가 뚫릴까요?" 하고 물었다고 한다. 그러자 선생님이 하는 말이 "우리나라에서 모국어가 아닌 영어를 배운다는 것이 얼마나 어려운 일입니까? 특히 선생님은 나이가 들었잖아요. 대단한 열정입니다. 선생님은 그래도 잘 하시는 편이예요!" 하고 칭찬하더라는 것이었다. 그 말을 듣고 그는 왠지 용기가 솟아나고, 자신감을 얻고 내일은 꼭 교육시간에 늦지 않도록 와야겠다는 생각이 들더라는 것이었다.

다 큰 성인에게도 칭찬은 자신감을 갖게 한다.

우리나라 직장에서 상사들은 팀원들을 따뜻하게 격려해 주거나 칭찬해 주는 경우가 부족하다.

왜 그렇게 칭찬에 인색할까?

서양 사람들은 말끝마다 "고맙다!(thank you)" "잘했다!(very good)"라고 하는데 우리는 어찌된 셈인지 그저 꾸짖거나 훈계 꺼리를 찾기에 바쁘다.

이것은 자녀교육에서도 마찬가지이다.

자녀를 교육시킬 때 서양인들은 칭찬으로 하여금 아이들의 행동을 교정하려 하는데 반해 우리는 꾸짖음을 택하고 있다.

아마 유교적인 색깔 때문인 것 같다.

우리나라 굴지의 건설회사에 다니는 이○○ 대리의 이야기는 시사 하는 바가 크다.

그는 자신이 무능하다고 생각지는 않고 있었다.

그럼에도 불구하고 허구한 날 부장에게 핀잔을 듣기 일쑤였다.

"기획안이 이게 뭐냐?"

"보고서가 왜 이리 엉터리냐?"

부장도 이대리가 무능(無能)한 것 같지는 않다고 생각하지만 늘 실수투성이인 것이 문제라고 보았다.

그러던 어느 날 뜻밖의 일이 벌어졌다.

부장이 갑자기 이대리를 칭찬하기 시작한 것이다.

별로 달라진 것이 없는데도 칭찬을 들으니 이대리는 왠지 기분이 좋았다. "어! 나도 할 수 있잖아!" 하고 이대리의 업무태도도 달라지기 시작했다는 것이다.

부장의 칭찬이 이대리에게 자신감을 불어 넣어준 것이다.

아들 일기를 책으로 펴낸 시인 박중식(朴重湜)씨가 있다.

아들인 상욱이가 그 동안 써온 일기를 모아 『키는 1미터 마음은 2미터』라는 책을 출판하였다.

이 책은 일반적인 초등학생의 사고수준이나 관찰력을 뛰어넘는 상욱이의 탁월한 문장실력과 함께 가족에 대한 따뜻한 정이 넘쳐나는 점에서 관심을 모으고 있는 책이다.

박중식씨는 아들에게 글의 최고 기교는 정직이라고 말해줬고, 자기 마음을 솔직하게 담은 좋은 일기를 썼을 때 칭찬을 아끼지 않았다. 상욱이는 아빠의 칭찬으로 좋은 일기를 쓸 수 있었고 마침내 책까지 만들어 낼 수 있게 된 것이다.

애정 어린 칭찬은 한 학생의 진로를 바꿔주며, 한 사람의 업무능력을 신장시켜 준다. 그리고 한 조직의 맨파워(man power)를 바꾸고 결국에는 한 나라의 국민 역량을 높이는 출발점이 될 수 있다.

05.
세상을 밝게 만든다

 "인간이 일생 동안 살아가면서 이야기하는 화제의 3분의 1을 남의 이야기 이고, 3분의1은 성(性)에 대한 이야기이며, 결국 나머지 3분의1이 필요한 이야기" 라는 말이 있다.
 이 필요한 이야기 3분의 1속에 제일 많이 포함되어야 하는 것이 칭찬이다.
 심리학에서는 상호작용론(Interactionism)이라는 것이 있는데 인간의 마음과 신체의 발달은 유전과 환경의 상호작용 결과로 나타난다는 것이다. 그런데 심리학자들은 유전과 환경의 영향중에 환경에 대한 비중을 강조한다.
 그래서 심리학은 가정과 학교, 사회교육의 중요성을 그 무엇보다도 강조한다.
 인간의 성장환경은 사람들의 노력여하에 따라 얼마든지 바꿀 수 있기 때문이다. 인간과 인간 사이에 칭찬이라는 긍정적 환경을 삽

입함으로써 인간의 마음을 바꾸어 놓게 되고, 이것은 계속 이어져 세상을 밝게 만들어 나갈 수 있다.

　삼성 엔지니어링은 거사 적으로 '서로 칭찬하기 운동'을 벌이고 있으며 울산의 삼성석유화학 제 3공장에서도 '한 번 더 참고 웃는 얼굴로 칭찬하기 운동'을 제도화 하고 있다.

　이와 같이 칭찬하기 운동을 본격적으로 벌이다 보니 사내에서 큰 소리로 꾸중하는 경우는 점차 사라지고 업무능률도 예전보다 훨씬 향상되고 있다는 평가다.

　성일통신 시스템에서는 박일경 부사장의 경영방침에 대한 칭찬이 대단하다.

　그것은 박부사장이 직원들의 사정을 경영에 반영시키고 있기 때문이다.

　부사장은 매월 첫째 주 월요일 저녁 식사는 회사의 경비원들과 함께 한다.

　이런 식으로 식사 시간을 이용하여 회사 내의 많은 사람들과 정기적으로 대화를 한다. 식사를 하면서 개개인의 요구사항에 대해서 듣고 회사 사정에 대해서도 이야기를 해준다.

　그러니까 직원들의 부사장에 대한 칭찬은 부사장으로 하여금 긍지와 자신감을 갖게 하였을 것이다.

　그리고 그 자신감은 곧바로 회사를 밝게 만들고 힘이 되는 것이다.

06.
적극적인 인생관을 갖게 된다

다른 사람에게 칭찬을 자주 하게 되면, 칭찬을 전달하는 당사자는 적극적인 자기의 인생관을 갖게 된다.

다른 사람과 어울려 살아가는 인간관계 속에서 가장 우선되어야 하는 것은 상대방의 마음을 열어 놓는 일이다.

상대방의 마음을 열기 위해서는 자기가 느끼는 상대방에 대한 호의 정도를 칭찬을 통하여 알림으로써 상대방의 마음을 서서히 열어 갈 수 있다.

또 자기 스스로 깨닫지 못한 행동, 태도, 모습 등의 한 단면을 다른 사람으로부터 칭찬을 받게 되면 그 사람을 지나치게 과신하는 경향까지도 나타나게 된다. 그래서 다른 사람의 신념이나 언동을 자기의 그것과 비교하여 자기 행동의 지침으로 삼으려고 조차 하는 것이다. 인간은 자기가 존경하고 있거나 호의를 갖고 있는 사람의 행동과 기호는 물론 사고방식이나 버릇까지도 무의식적으로 모방하게 되고 함께 행동을 하게 된다. 예술가는 자기보다 훌륭한 재능의 소유자에게 자극을 받아 재능을 높여 나간다.

진정한 예술가는 서로의 위대함을 솔직히 인정해 주는 사례들을 종종 볼 수 있는데, 독일의 작곡가 베에토벤은 아르미다(Armida)를 작곡한 이탈리아의 작곡가 케루비니(Cherubini)의 음악성을 어느 장소에서나 거리낌 없이 칭찬하였다고 한다.
또한 오스트리아의 작곡가 슈베르트의 천부적인 재능에 대해서도 뜨거운 칭찬을 보냈는데, '진정 슈베르트의 가슴속에는 신(神)의 불꽃이 타오르고 있다.'고 말하였다는 것이다.
베에토벤은 칭찬을 통한 적극적인 인생관을 갖고 산 것이다.

조선이 낳은 위대한 석학 퇴계 이황(李滉)은 풍기군수 시절 교육사업에 큰 관심을 가졌다.
그리하여 최초의 서원인 주세붕의 '백운동 서원'을 칭찬하고 '소수서원'이라는 사액(賜額)을 내리게 하여 최초의 사액서원을 만들기도 하였다.
그리고 53세에 『천명도』라는 철학서를 썼으며 56세에 『도산십이곡(陶山十二曲)』을 지었다.
퇴계는 당쟁으로 인한 어지러운 시대에도 흔들리거나 방황하지 않고 몸과 마음가짐이 한결같았다.
벼슬을 사양하고 도산에서 선비로 지내기를 원하였으며 끝내 그러한 뜻을 이루었다.

이퇴계는 칭찬을 창조하여 교육 사업을 주도적으로 이끌어 나갔으며 그 자신의 소신대로 적극적인 인생관을 갖고 살았다 할 수 있다.

07.
자신의 도량이 넓어진다

　상대방에 대한 친절이나 경의, 칭찬은 인간관계를 매끄럽게 이끌어 주는 윤활유와 같은 것이다. 그리고 상대방을 위하여 무엇인가 나눠주려고 하는 마음은 건전하고 기쁜 것이다.
　인간은 본능적으로 사람과 사람 사이의 커뮤니케이션 속에 유형·무형의 대차(貸借)변 균형감각을 가지고 살아간다.
　다른 사람으로부터 도움을 받고 칭찬을 받으면, 나도 돕고 감사하고 싶은 생각이 든다.
　그래서 상대방의 행복을 생각하고 그를 위해 도움을 주는 일은 인과(因果)법칙대로 자신의 성공으로 이어진다.
　인생을 보다 훌륭하게 설계하기 위해서는 지식과 재능, 그리고 노력이 중요하지만 그 보다 더욱 소중한 것은 그 사람의 심적 태도이다.
　세상은 심적 상태가 비슷한 사람끼리 서로 모여 산다.

언제나 실패만 거듭하는 사람에게는 실패한 사람만 그의 주위에 모여든다. 항상 불평불만을 늘어놓은 사람에게는 그런 사람이 그에게 모여든다. 늘 칭찬을 주고받는 사람은 긍정적인 사람들을 만나게 된다.

『채근담』에 잘한 일은 칭찬하지 않고 못한 일에 대해서는 기를 쓰고 비난하는 세상인심을 꼬집는 말이 있다.

열 마디 말 가운데 아홉 마디가 맞아도 칭찬하지 않으면서, 열 마디 가운데 한 마디 말이 맞지 않으면 원망의 소리가 사방에서 들려온다.

열 가지 계획 가운데 아홉 가지가 성취되어도 공로를 그에게 돌리지 않으면서, 열 가지 가운데 한 가지 계획이라도 실패하면 헐뜯는 소리가 사방에서 들려온다.

군자가 차라리 입을 다물지언정 떠들지 않고, 서툰 체 할지언정 재주 있는 체하지 않는 까닭은 여기에 있다.

칭찬하는 것이 상대방에게 효과가 있다는 것은 잘 알려져 있는 사실이다. 그러나 그것만이 전부가 아니다.

오히려 칭찬받는 사람보다 칭찬하는 자신에게 심리적 효과가 크게 나타난다는 것이다.

칭찬을 하게 되면 상대방 입장에서 보고, 상대방을 넓은 마음으로 바라볼 수 있다. 상대방의 실수나 잘못을 관용으로 감쌀 수 있으며 그것은 곧 훌륭한 인격(人格)으로 이어진다.

훌륭한 인격은 인생의 보배며 다른 사람들에게 절대적인 영향력을 끼친다.

그러므로 다른 사람을 늘 칭찬하며 살아가게 되면 자기 자신이 성장하게 되고 도량(度量)이 넓어지는 것이다.

삼국지에서 조조, 유비와 나란히 어깨를 겨룬 오나라의 손권이라는 또 하나의 왕이 있었는데 그는 부하를 대하는 태도로서 "장점은 높여 칭찬해 주고 그 단점은 잊어버린다!"고 하였다.

평범한 인물이라면 도저히 흉내 낼 수 없는 도량을 가졌던 사람이다.

또한 위나라의 조조에게 쫓기어 형주로 와 있던 유비(劉備)는 융중이라는 곳을 세 차례나 방문하여 간신히 제갈공명(諸葛孔明)을 만나게 된다. 만나고 나서 유비는 "젊은이의 명성은 일찍이 듣고 있었소. 진작 찾아왔어야 했는데 늦어서 미안하오. 내 비록 보잘 것 없는 사람이오! 마는 나를 도와 함께 일해 준다면 그런 다행이 없겠소!" 하고 겸손하게 입을 열었고 제갈공명은 유비의 열성에 마음을 움직이고 만다.

"미천하지만 힘껏 도와 드리도록 하겠습니다."

유비는 제갈공명을 얻기 위하여 그의 명성을 칭찬하고 넓은 마음으로 친히 세 번 씩이나 오두막집을 찾은 것이다. 그 후 유비는 군사 제갈공명의 도움으로 조조의 위군을 적벽에서 격파하고 촉한(蜀漢)을 세우게 된다.

삼국지의 『삼고초려(三顧草廬)』라는 유명한 고사로, 유비의 넓은 도량을 말해주는 이야기이다.

칭찬이 만들어 내는 효용 10가지

상대방에 대한 효용

01. 자신감을 갖게 한다
02. 성장하게 한다
03. 의욕을 일으킨다
04. 인생의 진로를 바꿔준다
05. 세상을 밝게 만든다

나에 대한 효용

06. 심성이 밝아진다
07. 마음의 여유가 생겨난다
08. 도량이 넓어진다
09. 긍정적인 인생관을 갖게 된다
10. 인간관계를 개선한다

제4장
하지 않으니 만 못한 칭찬들

"경계해야 할 것은 필요 이상의
칭찬이나 지나치게 호의적인 평가이다.
그것은 사람을 자만하게 만들어
퇴보로 몰아넣고 만다."

01.
자기주도형 문화콘텐츠 개발

    신 성장 동력으로 기술을 활용한 기계의 하드웨어(hardware) 산업 소프트웨어(software)의 시대에 들어와서 정보통신의 급속한 발전이 성장을 주도했다. 그렇다면 특징짓는 키워드는 무엇일까? 국내외 전문가들은 21세기의 성장 동력으로 '문화콘텐츠' 꼽기를 주저하지 않는다. 그렇다면 문화 콘텐츠의 원형은 어디에서 부터 유발되는지 알아야 한다.
    교육계에서는 교육문화콘텐츠, 과학기술계는 과학문화콘텐츠, 정부는 정책과 산업기반 체계적 육성을 공언하고 있다. 그렇다면 또 콘텐츠는 도대체 무엇이고, 이것을 산업화로 어떻게 돈이 되게 산업으로 육성시키는 것일까? 아무래도 문화니 콘텐츠니 하는 것을 제대로 정의하기란 쉽지 않다. 사실 사회과학은 자연과학처럼 객관적인 법칙을 찾아내는 작업이 아니라 과학적인 방법과 합리적인 합의를 도출해 내는 과정에서 인간이 추구하는 심리적 본능을 터치하여 창의적 능력을 개발하는 칭찬의 대중문화라고 할 수 있다.

자연과학에는 자연 속에 숨겨진 진리가운데에는 사람중심의 시대와 사회를 영구히 남기는 만고불변의 진리이다. 어느 시대나 사회에서 적용되는 보편적 이해가 사회과학이나 인문학에 법칙이나 진리를 과학적으로 규명할 수 없듯이 사회도 과학의 잣대로 재단할 수 없기 때문이다. 그래서 인문학이나 사회과학에서는 정의(definition)의 문제는 근거에 의해 존재하는 중요한 학문으로 구분하고 있다.

그렇다면 콘텐츠를 어떻게 정의해야 할 것이며, 문화콘텐츠 경제산업은 어떻게 정의할 것인가? 사람마다 학자마다 정의가 다르기 때문에 인문사회과학에서 어떤 개념에 대한 합의된 정의를 찾는다는 것은 참으로 어렵다. 모든 사람들이 받아들일 수 있는 보편적인 정의를 내릴 수는 없을 것이다. 그럼에도 불구하고 정의 논쟁을 거치면서 콘텐츠는 통용되고 있다. 정의를 제대로 내린다는 것은 용어의 본질과 특성을 제대로 파악했다는 것을 뜻한다. 사회의 이면에서 활동하는 사회과학자의 입장에서 정의는 일종의 사회적 합의이고 약속이다.

사전의 정의는 합의를 바탕으로 한 시대의 사회에서 통용되는 단어의 의미를 반영한다.

콘텐츠란 단어는 백과사전에 등재되어 있지만 문화콘텐츠란 용어는 아직 사전이나 백과사전에 등재되어 있지 않다. 사회적으로 합의된 정의를 확신하지 못하고 편찬시기와도 맞지 않기 때문이다. 이러한 콘텐츠 가치전쟁은 내적 문화에서 국제 시장의 상품으로 자리잡기 시작했다. 상품은 개인의 능력 중심에서 대중의 상품으로 개발되어 개인의 브랜드를 갖기 시작했다. 문화콘텐츠가 정책이 지원 되고 주목 받는 것은 인간의 무한한 능력과 유한한 능력이 과학과 결합되었기 때문이다. 혼자 못했던 일들이 때와 장소, 단위를 불문한 능력의 표출이 가능하다. 문화콘텐츠가 고부가가치 산업이 될 수 있고 성장 동력이 될 수 있는 만큼 개인의 기량을 개발할 인재 육성 프로그램이 시대적 문화로 제고 되어야 한다. 한편, 학계의 논의를 살펴보면 아직 문화콘텐츠에 대해 합의된 정의는 부재하며 개념정의에 대한 시도가 그리 많지 않음을 확인할 수 있다.

문화콘텐츠란 곧 문화의 원형(original form archetype) 또는 문화적 요소를 발굴하고 그 속에 담긴 의미와 가치 원형성, 잠재성, 활용성, 문화성, 역사성 등을 찾아내어 매체(on-off line)에 결합하는 새로운 문화의 창조과정이다.

현재 문화콘텐츠 분야가 새로운 응용학문으로 주목 받을 수 있는 특징은 '다양한 문화의 통합을 말하며 통합성에서 나타나는 새로운 문화가치의 창출'이라고 말할 수 있다.

문화는 공유되는 상징과 행동성의 규범 체계에서 벗어나 더 이상 정의되지 않고, 사람들의 실천(practice)을 통해 끊임없이 생성되고 변형되어 때로는 부인되는 것이다. 이러한 문화의 역동성과 가변성이 문화콘텐츠 영역을 통해 포착 할 수 있는 심리적 자극을 통해 발전할 수 있는 칭찬이 끊임없이 시험제공 되어야 한다.

이렇게 개발되는 문화콘텐츠는 다양한 사회구성들 사이에 문화가 어떻게 서로 다르게 이해되고 그러한 이해가 실천을 통해 복원(restoration)과 재생산 되는지가 중요한 과정에 있다. 이 점은 문화콘텐츠가 다양한 문화가치의 창출기반인 동시에 현실적인 요소적

용과 창출이라는 생산성으로 보고 있음을 잘 나타내주고 있다. 그런 의미에서 문화콘텐츠는 '실용학문의 허브'로 등장하고 태평양시대의 본질적 문화 재생산이 '21세기형 문화' 가치를 포함하고 있다.

찰즈 슈워프는 "지금까지 세상의 온갖 위대한 인물들과 만나 왔지만 남에게 칭찬을 받으며 일하는 것보다, 남에게 비난을 받으며 일하는 편이 훨씬 더 좋다고 하는 사람은 아직 만난 적이 없다." 라고 칭찬의 필요성을 강조하고 있다.

산업계와 정책입안자들은 문화콘텐츠를 새로운 성장 동력의 엔진이자 고부가가치의 원천이라는 측면에서 바라보고 있고, 인문학계에서는 인문학적 자원과 특히 문화의 본질의 상상력개발을 산업과 연계시켜 문화예술콘텐츠 가치를 제고할 수 있는 가능성에 초점을 두고 있다. 여기에 가치창출이라는 시각에서 문화콘텐츠를 바라본다는 공통점은 국제 문화콘텐츠 시장의 전통적 개념을 넘어 복원과 재현에 의한 가치실현으로 보고 있다.

앞으로 발전방향에 대한 출발선상에서 차근차근히 문화콘텐츠의 범위와 개념을 명확히 이해하고, 국제 시장의 흐름을 전문적으로 분석 연구하는 것이 필요하다. 대중이 새로운 다국적 콘텐츠에 대한 국제시장의 상품개발을 인지해야 한다.

인류의 다국적 문화와 첨단과학에 따른 미디어 기술을 활용한 교류와 소통으로 함께 상생의 길을 모색해야 한다. 여기에 우리환경에서의 콘텐츠는 산업이나 상품가치와 연결되어 있음은 분명하다. 이런 점에서 기획이 될 수도 있는 디지털화를 통한 문화정보가 새로운 아이디어의 결합되어 재창조가 될 수 있다. 이렇게 가치부여를 통해 만들어진 콘텐츠는 산업적, 상업적, 문화적인 가치를 가진 상품이 교류 통합 되어야 한다.

　콘텐츠는 창조와 혁신을 통해 우리 삶의 질을 드높여주는 기능을 담당하고 문화는 자유의 실현이며 창조의 산물로서 자리 잡는다. 문화는 삶과 사유의 방식이고, 질과 직결된다. 하지만 세기에 들어와 문화가 부각되고 있는 고부가가치는 미래 산업이고 전략산업이라는 것에는 재론의 여지가 없다. 혁신을 화두로 내건 신정부도 혁신의 세 축 중 하나를 문화혁신으로 사회변동과 미래 트렌드를 외형적 뿐만 아니라 내적 의식에 따른 문화적 충돌이 사회의 문제로 보고 있다.

　산업적으로 고부가가치 창출의 원천인 문화는 산업 이전에 서구 문화를 읽는 열쇠로 문화적 충돌은 불가피 하다. 이러한 불가피는 인간 심리를 자극하지 않으면 문화적 충돌을 벗어 날 수 없다.

　인간의 관점에서 보면 인간 스스로 내린 결정이고 결단행위였기에 '인간의 자유의지의 실현'에 따른 문화 충돌은 이해의 해석이 다르다.

　프랑스 문화부에 제시된 내용을 보면 문화에 대한 여러 가지 설명 중 '문화는 자유를 실현하는 장이다'라는 표현이 있다. 문화는 자유를 실현하는 수단이자 결과이다. 또한 그 과정은 새로운 것을 창조해내는 과정에서 우리가 처한 창조적 현실을 만들기 위한 언행의 표현으로 삶을 활기를 얻기 위한 심리적 칭찬문화를 으뜸으로 꼽고 있다.

　문화는 창작이고 창조행위이며 자유롭고 진취적이다. 문화는 부가가치를 창출한다.

　미국 카네기 멜론대학의 석학 리처드 플로리다(Richard Flor-

ida) 교수가 미래변화를 주도하는 현대사회의 주역을 "창조적 계급"(creative class)이라고까지 했다. 오늘날의 경제는 더 이상 대량생산이 아닌 개인소비성향 경제다. "과거 산업경제는 토지, 자본, 상품 등 고전적 경제요소를 기반으로 삼았지만 오늘날은 사람과 장소가 결정적인 역할을 하는 창조적 경제의 시대"라고 역설하고 있다.

창조적 경제를 유발하는 아이디어는 개인의 능력에서 시발된다. 그 시발을 유도하는 기초적 단위인 심리적 언행은 칭찬이다.

문화를 만드는 것은 바로 인간이 추구하는 공집합이다. 문화는 자연 상태를 벗어나 인간이 자신의 땀과 영감, 창조적 노동을 투입해 이루어낸 소산이고, 자연에 의한 창조행위의 결과물이다. 따라서 문화산업은 창조적인 산업이며, 창조적 경제의 토대가 될 수밖에 없다.

문화선진국인 영국에서 문화산업을 '창조적 산업(creative industry)'이라고 부르는 것은 이 때문일 것이다. 창조성에 기반하고 있는 문화상품은 인간의 창의성과 감성이 깃든 창작품이다. 문화의 산업경제적인 측면과는 별개로 인간사회를 인간답게 만들고 기쁨을 준다는 점에서 충분히 칭찬문화가 중요하다.

영원한 인간의 고뇌인 유토피아적 창조는 자양분직 에너지를 원한다. 비슷한 생각, 똑같은 의견인 전체주의적인 사회에서는 결코 풍요로운 자양분을 공급받을 수 없다. 그런 관점에서 본다면 자아개발이 뿌리를 내리는 칭찬문화 사회의 절대적 요소다. 다양한 생각의 공존과 파격적 틀을 깨는 창조적 발상으로부터 창조적인 문화가 나올 수 있다.

플로리다를 중심으로 한 일단의 연구그룹은 여러 가지 실증적 연구를 통해 문화적인 다양성과 차이에 대한 관용은 칭찬이야말로 창조의 기반이라고 결론지었다.

문화는 경제성장의 동력이기 이전에 인간에 의한 창조의 산물이며, 인간에게 기쁨을 가져다주는 지적 산업이다. 문화 없는 삶이란 생각조차 할 수 없다. 이런 문화가 산업과 결부돼 고부가가치를 창출하고 새로운 성장 동력이 될 수 있다면 금상첨화이다. '문화는 산업이 아니다.'라는 관점의 구태의연한 전통적 패러다임이 아직도 존재하고 있다. 이제 문화는 창조의 기쁨을 주기도 하고, 부(富)를 가져다주는 신흥 산업이다.

02.
매사 칭찬만 한다

칭찬을 한다고 항상 좋은 것은 아니다.

사람이나 상황에 따라 칭찬의 효과가 달라진다.

십여 년 이상을 같이 살아온 남편이 별것도 아닌 것을 가지고 습관적으로 아내를 칭찬하면 오히려 맛이 떨어진다.

고춧가루의 품질이 나빠서 김치 맛이 영 좋지 않은데도 남편이

"여보! 김치 참 맛있어요!"

했을 때, 아내의 기분은 어떻겠는가?

또한 똑 같은 칭찬을 수없이 들은 사람에게는 그 칭찬을 한 번 더 듣는다는 것은 별로 의미가 없다.

가령 자타가 공인할 만큼 인물이 훤한 사람에게 "인물이 좋으시다는 말씀을 많이 들었는데, 정말 좋으십니다!" 하고 말해봤자 크게 감동을 주지 못한다.

또 똑 같은 소리를 하는군! 하고 말 것이다.

너무 쉽게 하는 칭찬은 그 효능을 상실한다.

부장님은 아이디어가 참 좋아요!

과장님 생각은 항상 옳아요! 라는 부하직원의 판에 박힌 칭찬이 과연 효과가 있겠는가?

이는 무미건조한 언어의 유희에 불과하다.

누구에게든 적당하게 칭찬할 수 있다면 적어도 손해 보는 일은 없을 것이다.

하지만 누구에게나 습관적으로 칭찬하는 사람에게서 칭찬을 받는다면 그것은 단지 겉치레에 불과하다는 생각을 들게 한다.

심리학자 린다와 아로손(Linda & Aronson)은 남들이 자신에 대해 이야기 하는 것을 엿들을 수 있는 상황을 만들었다. 그리고 자신에 대해 대화를 하는 사람들에 대한 인상을 어떻게 평가하는지 연구했다.

연구의 내용은 대화의 흐름을 네 가지로 변형시켜 제시하였는데

- 첫 번째 처음부터 끝까지 엿듣는 사람을 계속 칭찬하게 하였고
- 두 번째 처음부터 끝까지 비난하는 말을 하도록 하였다.
- 세 번째 처음에는 비난을 하지만 결론적으로는 칭찬을 하는 상황을 만들었고
- 마지막은 처음에는 칭찬으로 시작하지만 끝에 가서는 비난 하는 것으로 끝내도록 하였다.

그 결과는 무엇이었을까?

얼핏 보기에는 처음부터 시종일관 칭찬을 하는 사람을 좋아할 것 같지만, 사람들은 세 번째 조건의 사람을 가장 좋아한 것으로 조사

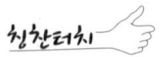

결과 나타났다.

　매사에 칭찬받을 일만 할 수 있는 사람은 이 세상에 아무도 없다. 그래서 사람들은 자신도 그렇다는 것을 안다.

　인간이 인정받고 싶어 하는 욕구의 밑바탕에는 두려움을 갖고 있는 것이다. 그렇기 때문에 항상 칭찬만을 하는 사람들에게는 오히려 그만큼의 경계심리가 발생하고, 이런 사람한테서 받은 칭찬은 그만큼 믿을 수 없다는 결론을 내리게 된다.

　옛날에 어떤 악명 높은 건달의 장례식에서 관 옆에 선 목사는 고인의 인품, 성선설, 근면함, 착한, 자비로움, 인자함을 들먹이면서 계속해서 칭찬을 늘어놓았다.

　그 소리를 한참 듣고 있던 미망인은 하도 기가 막혀 아이에게 기우뚱하고는 속삭였다.

　"얘, 너 저기 가서 관 속에 있는 게 과연 네 아버지인지 보고 오렴!" 하였다.

　믿을 수 없는 칭찬은 코믹연기에 불과한 것이다.

　무조건 칭찬하는 성품이나 성격에 대한 평가는 자칫 불쾌함을 안겨줄 수 있으나 노력이나 성취, 느낌에 대한 칭찬은 항상 유익함이 있을 뿐이다.

03.
칭찬 후에 비난한다

인간은 보편적으로 자신에게 칭찬해 조고 긍정적으로 대해주는 사람을 좋아하며, 부정적이고 공격적으로 대하는 사람은 싫어한다.
이는 주변 사람들에게 인정받고 존경 받고자 하는 욕구가 강하기 때문이다.
사람들의 이런 인정욕구를 충족시켜 주는 한 수단이 칭찬이다.
사람을 움직이려면 "그에게 칭찬을 해 줘!"라는 말이 있듯이 칭찬은 훌륭한 보상이다.
일본인 히라이 하사시는 일본사람과 한국 사람의 칭찬에 대하여 이렇게 쓰고 있다.
일본사람을 비방하는 말을 듣는 것을 좋아한다. 칭찬을 받기 보다는 혹평을 받는 것을 좋아하는 것 같다. 왜냐하면 일본사람은 의심이 많은 민족이어서 무작정 외국 사람으로부터 칭찬을 받으면 "여기에는 뭔가 숨은 뜻이 있을 거야!" 라며 의심하는 경향이 있다.

하지만 비방하는 말을 들으면 안심하고 그것을 계기로 한층 분발하려는 듯 한 면이 있다.

반대로 한국 사람은 칭찬받기를 좋아하며 아무래도 혹평을 듣는 것을 싫어하는 것 같다. 하지만 칭찬에 순기능만이 있는 것은 아니다. 오히려 역기능도 있다.

바로 칭찬한 후에 비난 하는 경우가 이에 해당한다.

심리학자 린다와 아로손의 연구에 의하면, 상대방에 대하여 처음에 칭찬을 하다가 나중에 비난하였을 경우에는, 칭찬한 사람에 대하여 아주 나쁜 감정을 갖는다는 것이다.

교회에서 심부름꾼을 구한다는 구인광고를 보고 찾아 나선 가난한 청년이 있었다. 그러나 그는 글을 읽지도 쓰지도 못한다는 이유로 거절당하고 말았다.

그는 여기에 굴하지 않고 더욱더 노력한 결과 백만장자로 대성할 수 있었다. 그러던 중 어느 날 급히 큰돈이 필요했던 그는 융자를 받으려고 은행에 갔다. 작성된 서류에 서명을 해 달라고 하자 그는 일자무식이라 X표를 하겠노라고 했다.

"놀랍군요!" 하고 은행가는 찬사를 보냈다.

그리고 나서 "글을 읽고 쓰고 하셨더라면 지금쯤 어떻게 되셨겠습니까?" 하고 은근히 비꼬는 말로 물어보았다. 그러자 백만장자는 "교회 심부름꾼으로 끝나겠죠!" 라고 대답하였다.

칭찬한 후에 비난하는 것이 상대방의 가슴에 어떤 감정을 심어주는가를 보여주는 이야기이다.

조직에서 관리자가 팀원을 칭찬하는 것을 일에 대한 의욕과 능력향상에 아주 효과가 크다고 여러 번 지적하였다. 그 중에서도 상

(賞)은 칭찬의 구체화이다.

조직원이 업무를 아주 탁월하게 처리했고 상하 동료를 모두가 '멋지다' '잘했다'고 인정할 때, 표창을 하거나 상금을 지급한다든지 해외여행을 보낸다든지 하여 파격적으로 대우해 주면 이 영향은 조직원들에게 쉽게 전파되어 나간다.

하지만 칭찬의 구체화로 나타난 상이 효과를 보지 못한 경우도 있다.

충북 음성군청의 어느 공무원은 그 동안 열심히 근무한 덕분에 내무부장관 표창을 받았다.

시상도 정부종합청사에서 장관이 직접 수여했으며 무척 영광스러운 일이라며 즐거워했다.

그러나 그러한 기분도 잠시 뿐이었다.

부상(副賞)으로 받은 손목시계가 일본제품(日本製品)이었기 때문이다.

대한민국 정부 표창의 부상으로 왜 굳이 외제, 그것도 일제를 주어야만 하는지 도무지 모르겠다면서 상의 가치를 찾을 수 없더라는 것이다.

04.
칭찬의 타이밍이 맞지 않는다

인간은 마음먹기에 따라서 얼마든지 변신이 가능하다.

화가 정수리까지 치밀어 오르는데도 웃을 수 있고, 기분이 좋아 춤을 추고 싶을 지경인데도 슬픔을 연기하는 경우도 있다.

어느 날 톨스토이는 두 사람의 기병이 걸어오는 것을 보고, 같이 걷고 있던 친구에게 "참 저런 흉한 꼴도 드물 거야!"라며 여지없이 깎아 내렸다.

친구는 톨스토이가 기병의 복장이 비위에 거슬리나 보다 하고 생각했는데, 막상 두 기병과 서로 스쳐가게 되자 톨스토이는 "참 화려하군, 복장이나 체격이 저렇게 훌륭할 수가….".

하는 것이었다. 친구는 어이가 없어, "아까는 보기 흉하다더니 금세 감탄하고, 어느 쪽이 진짜야?"

라고 묻자 톨스토이는 대답했다. "인심이란 원래 조석으로 변하는 것 아닌가!"

이렇게 변덕이 심한 인간에게는 칭찬의 순간이 중요하며 시기가 적절하지 않은 칭찬은 오히려 역효과를 가져온다.

- 칭찬을 즉시 해야 효과가 있는 경우가 있으며
- 타이밍을 바꾸어 제 삼자를 통한 칭찬이 효과를 거둘 때가 있다.
- 서로 다른 여성에게 같은 내용으로 칭찬해서는 않된다.

손자(孫子)는 전공을 세운 군사에게 시상(施賞)하는 데 있어 하나의 방법을 제시하였다고 한다.

예를 들어 한 번의 싸움에서 적의 수레 열 대를 노획(鹵獲)하였더라도 그 열 대 중에서 가장 먼저 수레를 노획한 군사에게 즉시 시상하는 것이었다.

그것은 제일 먼저 앞장서서 행한 군사의 용기를 높이 사며 나머지 군사들에게 사기를 북돋을 수 있게 한 그의 행위를 칭찬한다는 의미를 지니고 있는 것이다.

아내가 된장찌개를 만들어 저녁밥상에 올려놓았다.

된장찌개가 목구멍으로 넘어가는 순간 '참 맛있구나!' 생각되면 그 즉시 "야! 된장찌개 맛있네!" 라고 말해야만 칭찬의 효용을 발휘할 수 있다.

한참 지난 뒤에 "두 달 전의 그 된장찌개 참 맛있더라!" 해 봐야 아무 소용없는 일이다.

오히려 이 말을 듣는 아내는 "무슨 풍딴지같은 말을 하는 거지? 새삼스럽게!" 하고 대꾸도 안할 것이다.

"쇠뿔도 단김에 빼라."는 말이 있듯이 이럴 경우의 칭찬은 뜨거울 때 했어야 했다.

상대방의 칭찬꺼리가 있을 때 타이밍을 바꾸어 간접적으로 뒤에서 제 삼자를 통하여 칭찬해야만 효과가 큰 경우가 있다.

직접적으로 얼굴을 마주 대한 자리에서 칭찬의 기쁨을 맛보지 못할 수도 있다.

이럴 경우 상대를 직접 칭찬하기 보다는 간접적으로 제 삼자를 통해 칭찬하면 효과를 크게 할 수 있다.

구약성서에 "너 자신의 입으로서 칭찬하지 말고 남으로 하여금 칭찬하게 하라!"고 쓰여 있듯이 다른 사람을 통한 칭찬이 오히려 바람직할 때가 있다. 그러나 뒤에서 칭찬하는 것으로 끝나면 별 의미가 없다. 그것이 칭찬하려는 상대방에게 확실히 전달해져야 한다.

그래서 중요한 것은 칭찬한 것을 전해줄 사람을 선정하는 일이며 그 말을 전달함으로써 덕을 볼 사람을 찾으면 된다. 그렇게 하면 확실히 전해 줄 뿐만 아니라, 어쩌면 조금은 과장까지 해서 전해줄지도 모른다.

남에 대한 찬사 중에서 이보다 더 효과적인 것은 없을 것이다.

여성들에게는 동시에 같은 내용으로 칭찬해서는 효과가 없다.

뭔가 한 가지에 자부심을 갖고 있는 여성 앞에서 그것도 같은 내용으로 다른 여성을 칭찬하면 역효과를 가져온다.

자신만이 칭찬을 듣고 싶다는 감정은 누구에게나 있으며 여성의 경우 그 감정은 더욱 강하다.

미인이다, 재능이 있다, 머리가 좋다는 점 등에서 무엇이든지 자신만이 칭찬을 받고 싶어 한다.

따라서 여성과 얘기를 할 때 그녀의 외모가 다른 사람과 비슷하다고 할지라도 결코 그런 말을 해서는 안 된다.

증권회사 지점장인 친구가 부활절 미사에 참석하였다.

미사를 끝내고 간단한 음식파티가 있었는데 평소 잘 알고 지내던 S자매가 분홍색 한복을 곱게 차려입고 있었다. 그래서 "S자매님! 한복 색깔이 참 예쁘다. 형 보너스 나왔나?" 하면서 칭찬을 하였다.

S자매는 그의 말에 이것저것 기쁨의 이야기를 나눴다.

그리고 나서 한참 후 다른 장소에서 K자매를 만났는데 그분도 매우 고운 한복을 입고 있었다.

그래서 "K자매님! 한복 참 예쁘다. 형이 사줬나?" 라고 하면서 먼저와 똑 같은 내용으로 칭찬을 하였다. 그런 말을 하고 있는 순간, 뒤에서 "지점장! 그렇게 말하는 것이 술법이군!"

하고 S자매가 인상을 찡그리며 대꾸하더라는 것이다.

S자매가 그 친구 등 뒤에 있는 줄을 모르고 무심코 똑 같은 칭찬을 한 것이다.

서로 다른 여성에게 동시에 같은 내용의 칭찬을 해서는 안 된다.

칭찬의 타이밍을 잘 맞추고, 칭찬하는 사람들이 더 많아지게 해야 한다.

05.
거창하게 칭찬한다

　어느 심리학자는 타인의 칭찬에 의하여 느끼는 인간의 기쁜 감정을 다음과 같이 둘러 구분하여 설명하였는데 하나는 자기 확인의 칭찬이요 또 하나는 자기 확대의 칭찬이라는 것이다.
　자기 확인의 칭찬은 이미 스스로도 인정하고 있는 자신의 장점을 칭찬받는 경우이다.
　예를 들면 능력이 있다, 성실하다, 핸섬하다, 미인이다 등의 말을 듣고 자기의 장점을 확인한다는 것이다.
　자기 확대의 칭찬은 지금까지 자신이 깨닫지 못한 점을 다른 사람으로부터 칭찬을 받는 경우이다.
　예를 들면 미인에게 교양이나 지성미를 칭찬해 주는 경우이다.
　자기 확인의 칭찬과 자기 확대의 칭찬을 비교해 보면 후자 쪽의 기쁨이 단연 크다. 자기 확대의 칭찬은 본인이 미처 발견하지 못했던 점을 꼬집어 주기 때문에 사람을 더욱 기쁘게 만드는 것이다.

자기존재가 확대되었기 때문에 기쁜 감정을 가지게 되는 것은 당연하다.
　그러나 이런 칭찬도 최고의 칭찬만을 퍼부어 대면 오히려 역효과를 가져온다.
　또한 칭찬을 어떤 사람이 하느냐에 따라서 바람직하지 않은 결과를 초래할 수도 있다.
　인간은 자기에게 전달되는 정보의 내용보다는 그것을 전하는 사람의 매력에 의해서 태도가 달라질 수 있기 때문이다.

　영국의 명의 시드넘(Sydenham Thomas)은 사람이 이야기하는 상대편이 선인(善人)인가, 악인(惡人)인가에 따라 선해지기도 하고 악해지기도 한다고 하였다.
　가까운 사람들끼리는 언제나 긍정적인 감정과 평가를 주고받았기 때문에 서로에 대한 기대치는 상승된다.
　따라서 어지간한 말과 행동으로는 더 이상의 증가효과를 낼 수가 없다. 하지만 감소의 효과는 손쉽게 유발된다.
　만일 평상시와는 달리 조금이라도 관심을 덜 갖고 서운하게 행동한다면 그 효과는 금방 나타나 몹시 서운해 하고 불쾌해 한다.
　세일즈맨들은 상담을 할 때 흔히 자신의 상품을 가리켜 "역시 우리 제품이 최고입니다, 가장 훌륭한 것입니다, 아주 끝내주는 것입니다."라고 말한다.
　그러나 이것은 설득력이 없다. 현대인들은 이러한 말에 식상해 있다.
　사람이라면 칭찬의 말에 약하다.

그러나 가장 훌륭한, 최고로 멋진, 제일가는 등의 최상급 칭찬을 받으면 상대방은 오히려 불안해지고 부담스럽다.

공치사처럼 들리기도 하고 최고의 칭찬에 걸맞게 행동하려니까 불편하기만 할 뿐이다.

인간은 칭찬이 지나치면 내면을 숨기고자 하는 반동형성(Re-action formation)이 생긴다는 것이다. 또한 최고의 칭찬은 비판과 마찬가지로 파괴적일 수 있다.

아이들에게 "넌 항상 착해, 넌 항상 마음이 넓어, 넌 항상 정직해!" 하는 말 따위는 불안감을 조성한다. 그것은 인간을 불가능한 것에 매달리며 살게 하는 것이다.

어느 누구도 항상 착하고 상상 관대하고 항상 사려 깊을 수는 없다. 그건 인간이 아니다.

도시국가 로마는 건국 초기부터 약 2백 년 동안 왕정(王政)이었으나 폐해가 극심했다.

이를 보다 못한 브루투스(Marcus Brutus)는 왕정을 타도하고, 공화정(共和政)을 세워 초대 집정관(執政官)에 취임했다.

이 때 자신의 두 아들이 왕정복고 음모에 가담한 사실이 밀고 되자 브루투스는 두 아들의 처형을 명령하였으며, 안색 하나 변하지 않고 죽어가는 아들의 모습을 끝까지 지켜보았다고 한다.

브루투스가 공화정을 지키기 위해 아들을 처형했을 때 그 시대 사람들은 어떤 반응을 보였을까?

플루타르크는 『영웅전』에서 "브루투스의 행동은 최고의 칭찬과 함께 최대의 비난을 받았다. 그의 행동은 신이 아니면 동물에 가까운 것이었다." 라고 쓰고 있다.

　최고의 칭찬과 비난이 엇갈리는 이야기이다. 칭찬의 말은 적절하게 하고 그 표현도 알맞게 사용해야 한다.

　최상급의 칭찬을 사용하면 상대방은 오히려 그 저의를 의심하여 불신의 감정까지 품게 되고 만다.

06.
결점을 칭찬한다

미국의 정치가요 과학자였던 벤자민 프랭클린(Franklin, Benjamin)의 젊은 시절 대인관계는 거칠기로 유명하다.

하지만 그는 외교적 기술을 터득하여 사람 다루는 솜씨가 노련했고 드디어는 프랑스, 영국대사를 역임하였다.

그는 성공비결에 대해 "남의 나쁜 점은 절대로 입 밖에 내지 말고 그의 장점만 칭찬하라!"고 했다.

인간은 누구나 양면성을 가지고 있다.

그래서 인간의 마음속에는 신과 악마가 동시에 존재하고 있다.

인간에게는 누구에게나 장점과 단점, 미점과 결점이 있다는 말이다. 그럼에도 불구하고 칭찬을 한답시고, 결점까지 칭찬을 한다면 오히려 자존심을 건드리는 결과를 낳고 만다.

자존심은 인간이 몸에 걸치는 가장 값진 의복일 수도 있다.

분명히 자기가 알고 있는 잘못된 점, 나쁜 점, 마음에 안 드는 행동임에도 불구하고 다른 사람으로부터 칭찬받게 된다면 어떻게 되겠는가? 또한 상대방의 결점이나 약점을 이미 다 알고 있는 처지이면서도 이를 칭찬이라는 이름을 들추어낸다면 어떻게 되겠는가?

　대부분의 삶들은 상식선에서 살아가고 있으며 상식선의 칭찬이어야 제대로 된 옷을 입은 것이다.

　사무엘 스마일즈는 "경계해야 할 것은 필요이상의 칭찬이나 지나치게 회의적인 세평(世評)이다. 그것은 사람을 자만하게 만들어 퇴보로 몰아넣고 만다."고 하였다.

　그러므로 결점까지도 칭찬하는 사람은 경계를 당한다.

　'이 사람은 왜 이렇게 나에게 친절할까?'

　'무엇 때문에 저렇게 잘못된 행동까지 칭찬할까?' 하고 의심하는 경우가 있으며, 그럴 때는 '어딘가 함정을 파 놓고 있는 것은 아닐까?' 하는 의구심마저 들게 한다.

　분수에 넘치는 칭찬 뒤에는 적의와 대항의식이 도사리고 있을 수도 있기 때문이다.

　타이어 회사에 다니는 친구에게 들은 이야기다.

　강○○는 실직한 사실을 친구에게 이야기 했다.

　놀란 친구는 "팀장이 자네를 해직시킨 이유가 뭔가?"하고 물었다.

　강○○는 "팀장이란 자들이 어떤지 자네도 알잖아. 호주머니에 손을 넣고 일하고 있는 사람들을 일일이 지켜보고 서있지 않느냐구!"

　놀란 친구는 "그건 다들 알고 있는 사실이 아닌가. 그런데 자네를

그만두게 한 건 뭣 때문이냐구?"

강○○는 "잘못된 칭찬 때문이지. 다들 내가 십장인줄 알았거든." 하더라는 것이다.

강○○의 잘못된 행동을 동료들이 칭찬하는 바람에 강○○는 계속 으스대며 십장행세를 했고 그 결과 직장으로부터 떠나야만 했다.

인간의 심리는 참으로 묘한 것이다.
결코 결점까지 칭찬해서는 안 된다.

07.
속이 들여다 보이는 칭찬을 한다

상대방을 칭찬하고 난 뒤의 마음은 기쁨에 젖는다.
그럼 무엇인가를 줄 때 마음의 틀은 어떤 것이어야 하는가?
그 안에서 내가 주는 행위 자체로서 기쁨을 느낄 수 있는 그런 틀이어야 한다.
알버트 아인슈타인은 간디에 대하여 "지금부터 몇 세대 후에 사람들은 이와 같은 사람이 살아 이 세상에 실재(實在)했다는 것이 믿어지지 않은 것은 아닐까?" 라고 칭찬한 적이 있었다.
우리 모두가 이렇게 진솔하게 말할 수만 있다면 얼마나 좋을까?
그러나 술좌석에서 상사의 공적에 대해 "부장님! 그 아이디어는 저는 죽었다 깨어나도 생각 못합니다." 한다든지, 선배가 쓴 글을 과장하여 "이 글 참 잘 쓰셨는데요!" 한다면 분명 의도 있는 칭찬으로 간주되기 십상이다.
평소에는 인사 한 번 공손하게 하지 않던 부하직원이 진급심사직

전에 찾아와 무엇을 부탁하거나 공치사를 했을 때 기분 좋아할 사람은 아무도 없다.

속이 훤히 들여다보이는 칭찬은 오히려 역효과를 가져오게 마련이다.

거짓말은 말이나 얼굴에 나타나게 되어 있다.

보는 눈과 듣는 귀를 가진 사람은 절대 비밀을 지킬 수 없는 것이다. 입술이 잠자고 있어도 손가락이 가만있지 못하며, 또한 비밀은 몸에서 자연 흘러나오게 마련이다.

『탈무드』는 하느님께서 인정하는 거짓말이 꼭 두 가지 있다고 하였는데 하나는 결혼한 친구의 부인이 예쁘지 않아도 참 예쁘다고 칭찬하는 것과 다른 하나는 물건을 산 친구에게 그 물건 잘 샀다고 인정해 주는 것이라고 하였다.

그리스의 이솝우화에는 속보이는 칭찬과 거기에 넘어간 개들의 이야기가 나온다.

이리들이 개들을 찾아가서 칭찬을 늘어놓았다. "사실 너희들은 우리와 다를 것이 없다. 이제부터는 우리와 형제처럼 지내기로 하자. 봐라, 우리는 이처럼 자유롭게 살고 있다. 그러나 너희들은 노예처럼 사람에게 굽실거리며 두들겨 맞고 고삐를 둘리우기도 한다. 그러면서 양떼를 지켜 주지만 사람들은 너희들에게 겨우 먹다 남은 뼈다귀를 던져줄 뿐이다. 우리의 충고에 따라라. 양떼를 모두 우리에게 넘겨다오. 그리고 우리끼리 정답게 나누어 가지고 실컷 배를 불려 보자!"

개들은 속보이는 칭찬에 넘어가 이 제안을 따랐다.

그러나 이리떼는 울안으로 들어서자마자 개들부터 해치우기 시작했다.

　속보이는 칭찬에 넘어간 경우 얼마나 커다란 화를 입는가를 보여주는 재미있는 이야기이다.

　중국에 전해오는 이야기다.
　학자 두 사람이 빗길을 걷고 있었다. 그런데, 마침 한 사람이 발이 미끄러져 넘어졌다.
　다른 한 사람은 얼른 손을 내밀어 일어나는 걸 도와주면서 "지금 넘어지는 방법은 참으로 훌륭했습니다. 다른 사람은 도저히 그렇게 넘어질 수가 없습니다." 하고 속 들여다보이는 칭찬을 하였다. 그러자 넘어졌던 사람이 "칭찬을 해 주시니 몸 둘 바를 모르겠습니다. 참으로 시시한 방법으로 넘어져 부끄럽습니다!" 라고 했다.

　섣부른 칭찬, 속 들여다보이는 칭찬은 오히려 미움을 자초하게 된다.

역효과를 가져오는 칭찬 10가지

01. 섣부른 칭찬을 한다
02. 매사 칭찬만 한다
03. 사실과 다른 칭찬을 한다
04. 칭찬한 후에 비난한다
05. 칭찬의 타이밍이 맞지 않는다
06. 거창하게 칭찬한다
07. 결점을 칭찬한다
08. 속이 들여다 보이는 칭찬을 한다
09. 똑 같은 내용으로 모든 여성에게 칭찬한다
10. 존경이나 신뢰받지 못하는 사람이 칭찬한다

칭찬은 선을 반사하며, 공정한 칭찬의 말은
선이 좀더 높은 행위에까지 오르게 한다.

- 알레 -

제 5 장
칭찬에 능란하지 못한 이유

"지나친 겸손은 일종의 자만이다.
겸손을 자랑함으로써 남을 감탄시키려고 한다면
그보다 더 천한 것은 없다.
필요한 만큼 내세우고 남을 적극적으로 칭찬해라!"

01.
문화예술은
창조력을 키우는 칭찬교육

　　독일의 문화철학자인 오스발트 슈펭글러(Oswald Spengler, 1880~1936)는 『서구의 몰락 Der Untergang des Abendlande: Decline of the West』이라는 책을 출간해 지성계에 경종을 울렸다. 유럽 여러 나라의 지식인들에게 큰 영향을 주었고, 유럽인들 스스로 자신의 정체성과 역사, 문화를 돌아보게 하는 계기가 되었다. 슈펭글러는 인간의 문화도 생물 유기체와 마찬가지라는 인식을 기반으로 생물체처럼 발생, 성장, 쇠퇴, 멸망 탄생 등의 과정의 순환을 거친다는 것이다. 슈펭글러는 여러 문명의 발전과정에는 유사점이 있기 때문에 정치·경제·종교·예술·과학 등 다양한 사상(事象)의 문명비교와 비평을 통해 어떤 사회가 전체 문명사에서 어느 단계에 이르고 사라지고 있는지를 파악할 수 있다고 주장했다. 이것이 바로 문명의 흥망에 관한 학문으로 '문화형태학'이다. 이러한 문명의 흐름은 역사적인 전쟁과 혁명으로 혼란스러웠던 당대의 위기의 식이다. 여기에 문화관은 아놀드 토인비 등의 역사학자들에게도 큰 영향을 주었으며 현대의 문화에 살고 있다. 이렇게 사회역사를 생물학에 견주어 분석하는 것은 사회과학의 한 흐름이고 전통의 역사다.

산업혁명 이후 급속하게 물질주의로 성장, 물질적 요소에 크게 의존하게 된 서구문명은 곧 문화의 몰락단계라고 주장했던 슈펭글러는 '문명에의 의존은 정신문화적인 몰락'이라고 주장했다. 하지만 경제적인 관점에서 본다면 역사는 슈펭글러의 주장과는 다르게 흘렀다. 서구는 점점 몰락하기는커녕 과학기술의 발전과 세계화를 기반으로 하여 그 어느 때보다 번창했다. 이러한 서구의 발전과 융성이 문명의 큰 진전이기는 해도 문화적인 발전이라고 규정할 수는 없기 때문이다.

문화와 문명을 구분하는 순간 우리는 문화의 정신적인 측면을 생각하지 않을 수 없다. 모든 민족이나 공동체는 문화를 가지고 있고, 문화는 그 공동체를 지탱하는 정신적 지주로 사회나 국가를 유지하는 뿌리다.

당대의 지식인 슈펭글러는 서구문화의 발전과 정체성에 대해 진지한 우려와 성찰을 했던 것처럼 우리는 자신만의 타고난 재능을 발견하고 활용하는 것이 자아존중 감 발달 요인으로 중요하게 작용한다. 성공과 실패의 역사, 인간의 성취한 객관적인 지위의 성공 여부는 칭찬 받는 것으로 부터 정의 한다. 개인의 성취와 실패란 다분히 주관적인 기준에 의한 평가로 삶에서 타인으로부터 받은 존경심과 수용, 대우가 얼마나 인간적인가에 따라 자아존중 감이 다르게 발달한다. 결국 가장 큰 영향을 주는 것은 칭찬을 통한 성공요인 발견이다. 성공 경험은 사람이 성취한 객관적인 지위를 높이고, 칭찬 경험은 타인이 자신을 인정하고 있다는 것을 확신시키기는 성공의 기회를 제공해 준다.

칭찬하는 습관을 길러야 한다. 흔히 성공이라고 하면 거창한 과제를 떠올려 어렵게 생각하지만, 자존감 향상을 위한 성공은 상호 관계된 것에서 다른 사람과 관련된 것까지 폭넓어진다.

칭찬과 믿음이 얼마나 중요한지 선진국들의 불행 감은 성공이나 돈 에 있지 않고 사회적 믿음과 칭찬에 대한 목마름에서 온다.

우리 사회가 남을 칭찬해주고 인정해 주지 못하고 단점만 부각시키기 때문에 똑똑한 사람들을 실패로 몰아가는 고질적인 문제가 있다.

한국의 5천년 역사를 입버릇처럼 자랑하면서도 세계적인 인물을 배출하지 못하는 것은 재능과 기술의 문제가 아니라 칭찬과 격려에 인색하기 때문이다. 생에 있어 이런 재능을 찾아내지 못하는 교육 환경에서 살아가기 때문이다. 교육은 경쟁과 비교로 성장기를 기죽이고 불행하게 하는 고질적인 사회의 병폐를 안고 있다. 경쟁과 비교는 칭찬과 격려를 통해 자신이 가지고 있는 재능과 기술을 마음껏 개발하게 하는 문화를 조성해야 한다. 서로 상대방을 칭찬 하는 문화는 창조적 예술성을 기르는 탁월한 효과야 말로 세계적인 인물을 배출할 수 있다.

문화심리학자인 프로이트(s.Freud, 1856~1939)는 처음부터 문명은 인간의 심리적 본성으로부터 설명해 내려는 의욕을 갖고 있었다. 그는 자연과학과 의학 및 정신 분석의 긴 우회로를 거쳐 젊은 시절부터 관심을 가지고 있었던 사회적 문제, 구체적으로 말해 문명의 문제로 되돌아온다. 그 핵심은 기본적으로 한 가지 관점으로 환원될 수 있는데, 그것은 인간의 본능적 욕구와 문명의 대립적인 관계라는 것이다.

행복한 인생을 살고 싶다면 대립관계에서 벗어나 우선 잘못에 초점을 맞추지 말고 결점을 장점으로 부각시키면 상대는 칭찬과 존경을 받을 만한 훌륭한 사람으로 변화한다.

"당신이 잘한 일들은 우연이 아니며 당신이 가진 능력은 결코 무가치하지 않다." 라는 자기 확신을 가져야 한다. 이렇게 노력하다 보면 분명 자신이 존경 받을만한 사람임을 보여주는 계기가 온다. 인간은 쉽게 환경에 적응하며 스스로 사실을 무시하고 평가절하하지 않는다. 사람들은 스스로에 대해 남들에게서 듣고 싶은 이야기를 마음속에 품고 있다. 그러면서 발전하고 다른 사람들로부터 어떤 심한 비판을 받는 것보다 자긍심에 더 큰 보상을 받는다. 프로이트 심리학에서 인간은 본성이 타인으로부터 문화에 대해 동질감보다는 이질감을 느낀다는 것은 어떻게 보면 자연스러운 것이다. 습관적인 자기 방어를 갖고 있고 보상 심리 태도는 자신을 추스른 언행이 칭찬에서 빠르게 동화된다.

이러한 동화심리는 잘하는 것을 더 잘하게 표출하여 전문성까지 발전한다. 전문성의 끼 유발은 본능에 충실한 문화예술의 태동으로 특히 여성의 심리에서 볼 수 있다. 외형적으로 나타나는 성형을 보면 예뻐지고 싶어 하는 끌림을 끝없이 추구하는 것과 같다.

우연한 기회에 사소한 칭찬은 세상을 바꾸어 놓는 힘으로 상승하고 그 상승은 경제를 주도, 창출 하는 경우는 흔히 볼 수 있다.

사람들의 겉모습과 그들의 내면은 가끔 큰 차이가 있다. 아주 부유하면서도 스스로를 낙오자로 생각하는 사람들은 얼마든지 있다. 이러한 심리적 불안으로 오는 관계에서 칭찬은 무한한 힘을 가지고 있다. 불 안적 요소로 행동하는 일들은 얼마든지 있다.

밖으로 들어난 유명세만을 성공으로 생각하고, 사회에서 스스로 실패자로 생각하는 사람들 이 늘어나 생을 달리 하는 사람들이 늘어나는 것은 경쟁이 치열한 예술분야에서 특히 두드러지게 나타난다. 그 이유는 우리가 다른 사람들의 삶은 현실의 렌즈를 통해 보는 반면 우리 자신의 삶은 자긍심 없이 대중의 칭찬문화가 결부되어 있기 때문이다.

시인 헨리 워즈워드 롱펠로우는 말했다. 개인적 능력은 능숙한 커뮤니케이터들은 인간의 심리를 스스로를 잘 알아야 하며, 자기 인지개선 능력을 통해 긍정적 마인드로 사회의 일들을 직시해야 한다. 이 차원에서는 다양한 자기 능력을 공개 할 수 있는 자아돌출 적인 안정감을 갖고 있다. 개인의 불안전 요소는 사회문제를 야기 시키고 크게는 경제적 손실과 사회를 암흑으로 몰아간다.

자기개발능력은 스스로 자신을 보는 방식이다.

자신을 과신하는 말이 아니라 칭찬을 통해 알아내고 키워낸 재능을 함께 나누는 배려에서 성공과 즐거움이 공유된다. 여기에 커뮤니케이션의 키인 자기 컨셉을 통해서만 세계와 관계 맺을 수 있기 때문이다. 자기 컨셉의 가장 중요한 면은 자기 이스팀(존경)이다. 자기 존경 연구의 결과가 높은 사람은 보통 다른 사람에 대해 더 잘 생각해 주고, 더 잘 행동하고 주목 받기를 원한다. 이처럼 심리적인 편안함을 느낀다. 이런 관계는 다양한 커뮤니케이션에 적용되며 방향성이 같은 긍정적 커뮤니케이션은 하나의 수치에서 선택된다.

문화 간에 커뮤니케이션에 능숙하려면. 개인적인 의지 되는 신뢰성 (reliable)으로 정직성이 바탕인 칭찬을 해야 한다. 여기에 따르는 자기 발표를 성심껏 열어주거나 상대에게 스스로를 이야기 해주는 것이 가장 중요한 요소이다.

또한 국제관계를 개발하기 위한. 자기능력커뮤니케이션이 능숙하게 도달하는 길만이 아니라, 커뮤니케이션 골을 성공시키는 길이다.

자기 능력을 스스로를 모니터 하거나 깨닫는 능력에 있어 능숙한 행동을 시행한다. 국제 활동에서 타 문화 인들이 다른 문화에 더 잘 적응하도록 돕는 주요소이기도 하다. 자기 모니터 능력이 높을수록 더 능숙한 자기 행동을 다른 상황에 잘 적응발전 시킬 수 있다. 상대가 어떤 방법으로 다른 사람에게 리워드나 서포트를 주는지 눈 행동, 고개 끄덕, 얼굴 빠른 근접성 등으로 알 것을 요구한다. 적절한 행동을 다양한 상황에서 고를 수 있는 능력이다. 즉각적인 행동적 신호를 사용하는 것을 안내하는 전략적 커뮤니케이션은 개인에게 중요하다. 인터액션에 능숙하려면, 칭찬으로 사람은 다룰 수 있어야 한다.

상대방에게 솔직히 표현 자신만의 감정을 상대방과 상호작용 때 칭찬으로 표현해야 한다. 강한 이모션 익스프레싱을 피해 강한 이모션을 예를 들어 무서움이나 화를 내는 것처럼 상대방에게 감춰진 깊은 감정을 계속적으로 표현해 감정을 상대방에게 주는 것을 피해야 한다. 인간관계에 있어 중요한 것은 평소 상호신뢰를 쌓는 것이며, 신뢰는 대상을 믿고 좋은 점을 지속적으로 찾아 칭찬 발전시키는 것이다. 칭찬으로부터 발전하는 예술은 지속적인 반복 교육훈련을 통해 이루어진다. 상대의 긍정적인 면을 강조하고, 실수나 잘못한 경우는 처벌보다는 개선할 수 있는 시간과 방법을 찾아 주어 다른 건설적인 방향으로 에너지를 전환시켜 주는 것이다. 이러한 훈련을 많은 사람들이 잘 하고 있을 때 무관심한 태도를 유지하다 뭔가 잘못하는 일이 생기면 그때서야 기다렸다는 듯이 문제를 삼는다. 이러한 부정적 반응보다는 잘한 일에 대하여는 즉각적으로 칭찬하고, 무엇을 잘했는지를 명확히 밝혀 함께 긍정을 통한 보람과 즐거움을 공유하는 것이다.

이러한 공유는 사람에게 돌기를 부여하고 움직이게 하는 기능 리더십에 있어 칭찬은 불가결한 요소라 하지 않을 수 없다.

문화 차이에 따라 다르겠지만 칭찬에 대한 부정적인 시각도 없지 않다. 문헌들에는 칭찬을 오히려 경계하는 내용들도 많은 것처럼 사회의 질서는 음과 양의 질서를 가지고 있다. 음이 있으므로 양의 존재가치가 높아지고 양이 있으므로 음의 존재가치가 상승한다.

부정보다는 긍정마인드로 단점을 보완하고 장점을 뽑아내어 각자에 맞게 소화해 나가야 한다. 누구에게나 습관으로 인식되어 표현력이 없거나 오히려 역효과를 가져올 수 있지만 칭찬도 요령과 기술이 학습되어야 한다. 그 예로 적시에 적절한 내용의 칭찬은 한 사람의 인생을 완전히 바꾸어 놓은 계기를 볼 수 있다.

'열린 음악회'를 통하여 '천둥소리'로 잘 알려진 테너 임응균도 중학교 1학년 때 음악점수가 59점이었는데 2학년 때 새로 만난 음악선생으로부터 '기막히게 좋은 목소리를 지녔다'는 칭찬을 듣고 용기백배하여 성악에 매진하여 성공하였고, 드디어 한국예술종합학교

성악교수가 되었다고 한다.

　칭찬을 받고 싶으면 상대를 먼저 칭찬해 주고, 믿음을 주기 위해 우리는 주어진 일에 최선을 다한다. 이것은 누구도 막을 수 없는 진리로 최선의 칭찬은 잘 되도록 한다. 그러면 칭찬은 반드시 자신에게 되돌아와 이익을 가져다준다. 칭찬은 에너지 보급 창고다.

　칭찬을 주고받는 사람끼리 가까워지는 것은 당연하다. 따라서 우리는 어떤 사람을 보게 되면 우선 칭찬해 줄 것이 무엇일까 찾아보도록 해야 한다. 흠을 잡으려면 한정 없듯이 칭찬할 점 또한 누구든 가지고 있다.

　본인이 미처 모르던 장점도 상대에게는 신선한 자극이 될 수 있다. 그렇게 우리 모두 칭찬에 부지런하면 사회는 그만큼 밝아지고 원활한 교류와 협력이 이루어질 것이다. 장점을 칭찬해 주면 불가능하다는 어려움이나 약점을 극복할 수 있다.

　칭찬은 제3자 앞에서 하거나 남을 통하여 하면 더 효과가 크다. "이번 행사 준비하는걸 보니까 정말 빈틈없는 사람이더군. 김○○은 인복이 많아요!" 라는 식으로 칭찬하면 그 효과는 배가된다.

　칭찬은 상대방과 직접 대면뿐만 아니라 글이나 전화 등을 보이지 않는 방법을 통해 더 큰 효과를 볼 수 있다. 이러한 환경은 사회전반에 보이지 않는 사람을 이야기 할 때 장점을 전달하는 형식이 몸에 배어 있어야 할 수 있다. 때로는 육성보다 육필로 전하는 메시지가 더욱 효과적일 수 있다. 요즘 추세로는 이 메일이 좋은 수단이 된다.

　이름을 기억해 두었다가 칭찬과 격려의 말을 할 때 불러주면 상대가 자신에게 관심도가 높은 것으로 흡족해 한다. "이번 사보에 실린 글이 참 훌륭했어요!"라고 말해 준다면 상대방으로서는 뜻밖의 기쁨이요, 격려가 될 것이고, 상대는 더욱더 잘하고 책임감까지 더해 사보는 나날이 발전한다. 이러한 사명감을 갖는 직장이나 책임자는 즐거움을 배가 시키는 에너지를 발산하게 된다.

   여기에는 칭찬의 대상이 자기 자신일 수도 있다. 자화자찬을 하라는 말이 아니고, 살다 보면 때로는 남에게 알아달라고 할 수는 없지만 스스로 대견하다고 생각되는 일을 성취하는 때도 있다. 이런 때 어떤 형태든 스스로를 칭찬하는 것은 적극적인 자기 긍정으로서 삶에 활력을 줄 수 있다. 친구가 어떤 일로 스스로에게 상을 주기 특별한 날을 만들고 혼자 자축하는 것도 좋은 일이다. "나도 언젠가 그런 자리를 함께 했으면 했는데, 혼자 했다니 역시 대단해!"라고 말해 준다면 상대는 자신이 특별한 존재로 행복해 할 것이다.

   우리 사회는 사대부적인 선비정신은 가볍게 동요되지 않으며 쉽게 비방하거나 칭찬받는 데에 서툴고 인색하다. 칭찬할 일을 바로 표현하지 못하는 전통의 습성으로 마음속에 담아 두는 것을 미덕으로 생각해 왔다. 우리는 가끔 생각지 안은 문구를 접할 수 있다. "사랑한다면 표현하라!"는 구호가 인상적이 있다. 그만큼 우리들은 자기표현에 익숙하지 못해 왔다는 말도 된다. 이러한 문화는 쉽게 고쳐지지 않으므로 "잘한 것은 칭찬하라! 잘 할 것도 칭찬해라!" 결론으로 칭찬을 통해 개발된 재능은 예술로 발전한다. 있어도 되고 없어도 되는 것 같으면서도 우리의 생활을 윤기 있고 풍요롭게 해 주는 칭찬은 예술적 가치로 승화시킨다. 또한, 기계적으로 적용인 것이 아니고, 때와 장소에 따라 달라야 하기에 칭찬은 감각과 기교가 필요하기에 칭찬은 기술이며 예술이다.

칭찬터치

특히, 무엇보다 계산할 수 없는 무한한 감동을 사람들에게 전달하기 때문에 칭찬은 예술이다. 그래서 가장 극적인 칭찬은 예술작품의 공연장에서 터진다. 객석에서 폭발하는 우레와 같은 박수 소리는 칭찬 중에서도 가장 황홀한 칭찬이다. 경영도 예술처럼 해야 한다. 모든 조직의 리더들은 '칭찬 예술'의 달인이 되어야 성공하는 리더가 될 수 있다.

칭찬은 타이밍의 예술이며, 칭찬을 잘 받는 기술도 교육되어야 잘 할 수 있다. 상대의 성취가 어떤 것이던 간에 바로 분위기를 맞추는 칭찬이 되어야 한다.

상대성 칭찬논리를 연구하여 활용한 긍정마인드를 발전시켜야 한다.

"그렇게 말해 주시니 정말 기분이 하늘을 날아갈 것 같네요." "사실은 얼마 전에 큰 맘 먹고 새로 구입했거든요!"라고 "이 프로젝트를 정말이지 멋지게 해냈어요!"라고 말하면 "그렇게 말해 주시니 정말 기분이 좋군요. 당신의 긍정적인 피드백을 늘 고맙게 생각해요!"라고 한다면 생각만 해도 사회는 아름다운 분홍색으로 변한 것 같다.

당신 삶에 드리워진 약간의 햇빛을 그들이 비춰 줄 때 마다, 재능은 배가되고 나누고 자랑하고 싶은 인간의 심리는 행동으로 나타난다. 문화는 인간이 좋아하고 필요한 것에 정착된다. 햇빛을 준 사람에게 되돌려 주는 사회에서 반복해서 행동하면 습관이 되고 습관에 힘입어 성격이 만들어진 성격이 바로 운명이라는 사실은 칭찬이 타이밍의 예술이기 때문이다.

이 세상은 발전하지 않으면 붕괴된다. 돈이 많다고 발전하는 것이 아니라 칭찬을 통하여 변화되어 기쁨을 안겨주는 것이다.

사람관계에서 만나는 기쁨을 칭찬하고 헤어질 때 칭찬해 모두가 즐겁고 신나는 세상의 소리가 응원가로 들리게 된다.
　칭찬은 돈 한 푼들이지 않고 물질적 선물보다 더 큰 감동의 에너지를 주게 된다. 99개의 약점이 있는 사람도 1개의 장점은 있다. 장점1개만 있어도 칭찬하라. 그것이 커지면 재능으로 변신하는 계기를 만들어 준다.

02.
마음의 여유가 없다

로마시대의 정치가요 철학자였던 시세로(Marcus T Cicero)는 "우리들은 누구나 다 칭찬이라는 사랑스러운 말을 들음으로써 무엇인가를 할 마음이 우러나게 된다."고 하였다.

칭찬, 그것은 사람들에게 무슨 일을 해 내고자 하는 자극이 되어 사람들의 마음속에 자신감을 길러주고 사람들을 성장시킨다.

그러나 칭찬에 우리는 능란하지 못하다. 왜 그럴까?

우선은 상대방에 대하여 느긋한 마음을 가지고 바라볼 수 있는 마음의 여유가 없기 때문이다.

상대방의 언행, 모습, 사상, 태도, 학문, 지성, 일, 업적 등에 관하여 철저히 살필 수 있는 마음의 여유가 없기 때문이다.

기분이 초조하다거나 어떤 일로 신경이 날카로워있을 때는 결코 다른 사람을 칭찬할 마음의 여유를 가질 수 없다.

사람을 부드럽게 대하여 자신의 마음도 부드러워진다.

불안과 공포의 감정을 흥분을 야기해서 그 사람이 가지고 있는 상상력과 실력을 충분히 발휘하지 못하게 한다.

이런 때는 의식적으로라도 여유 있는 태도를 보이자. 그러면 의외로 누그러짐을 경험할 수 있을 것이다.

용감한 행진곡에 발맞추어 활발하게 걸으면 침체되었던 기분이 전환되어 의욕이 생기는 등 행동 면에서 심리에 영향을 주어 정신관리 면에도 도움을 주게 되는 것이다.

마음의 문을 활짝 열고 상대방의 이야기를 조용히 들을 수 있다는 것은 인간의 '위대한 덕'이다.

그런 면에서 어떤 상황에서도 항상 침착하고 냉정한 자세를 잃지 않는 것 보다 더 사람에게 이익을 가져다주는 것은 없다.

하루에 열 번은 "감사합니다."라고 말하고 아무도 모르게 봉사한다면 마음의 여유를 가질 수 있을 것이다.

마음의 여유를 갖고 있던 노작 홍사용(露作 洪思容)의 재담은 너무나도 유명하다.

어느 날 홍사용은 우미관(優美館) 앞의 상밥집으로 박진(朴珍)과 함께 가는 길이었다. 그 때 마침 하늘에서 소나기가 퍼부었다.

"어서 갑세. 뛰어가야지만 하지 않겠어?"

그러자 홍사용은 뛰기는커녕 서서히 발을 떼놓으며 넌지시 말했다.

"뛰어 가다니? 그러면 앞쪽의 비까지 먼저 맞게 되잖아!"

우리도 이런 여유를 가질 수는 없는 것일까?

대전의 S백화점에 쇼핑 나온 어느 할머니의 이야기다.

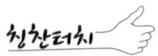

운동기구판매점에 진열되어 있는 흔들의자로 올라가 잠시 쉰다는것이 그만 잠이 들고 말았다.

그러나 점원은 여유를 갖고, 잠든 할머니가 깨어나지 않도록 손수레로 통로를 막고 "조용히 하십시오!"라고 팻말까지 써 붙였다. 그 할머니는 한 시간을 자고 난 뒤 기분 좋게 일어났는데, 놀라운 사실은 그 동안 이상점의 흔들의자가 여섯 개나 팔려 나갔다는 것이다. 흔들의자 판매에 관해서 더 이상의 설명이 필요 없었던 것이다.

우리의 상술은 어떤가 한 번 생각나게 하는 이야기이다.

상대방을 칭찬할 수 있다는 것은 그만큼 자신의 마음이 안정되어 있고 여유롭다는 것이다.

자신의 마음을 여유 있고 편안하게 가질 때 거기에서 바람직한 말과 행동이 자연스럽게 나온다.

칭찬은 모든 창조성 또는 마음의 여유에서 비롯되는 것이다.

03.
노력하지 않는다

유태인들의 마음의 안식처요 지혜의 샘인 『탈무드』는 "남을 칭찬할 수 있는 사람이야 말로 진실로 명예로운 사람이다." 라고 하였다. 그러나 우리는 진실로 명예로운 사람이 되기 위하여 노력하지 않는다. 하루아침에 만리장성을 쌓을 수 없듯이 칭찬도 계속해서 스스로 생각하고 탐구하고 실천하여야만 가능하다.

이솝우화에 소개된 이야기다.
백발이 다 된 농부가 있었다.
그는 병으로 세상을 떠날 때, 게으른 아들들을 불러 놓고 유언을 했다.
"애들아, 나는 이제껏 너희들에게 숨겨 왔지만, 포도밭에 보물을 깊숙이 파묻어 놓았다. 내가 죽거든 찾아다가 똑같이 나누어 가져라. 그 보물을 찾으면 너희들은 큰 부자가 될 것이다."

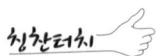

아버지의 말을 듣고 아들들은 눈이 휘둥그레졌다.

"그 보물은 어디 있을까? 얼른 찾아 봐야지."

"아버지가 묻어 둔 보물은 어떤 것일까?"

아들들은 아버지의 장례를 끝마치고 포도밭을 이편에서 저편에서 끝까지 샅샅이 파헤쳤다. 그러나 보물은 아무데도 눈에 띄지 않았다. 덕분에 포도밭은 깊숙이 골고루 잘 파헤쳐져, 그 해 가을 포도농사는 큰 풍년이 들었다. 그리하여 다른 해보다 열 곱절이나 수학을 올릴 수 있었다. 그제야 아들들은 아버지의 유언이 무엇을 뜻한 것인지 깨닫고 고개를 끄덕였다.

"아버지는 우리에게 부지런히 노력하라고 깨우쳐 주신 거야."

그 뒤부터 아들들은 열심히 일하며, 아버지가 남긴 뜻을 잘 받드는 효자가 되고, 부지런한 농부가 되었다.

"사람은 모두 심은 대로 거둔다."는 말이 있다.

많이 심으면 많이 거두고 적게 심으면 적게 거둔다.

공(功)든 탑이 무너지지 않는다.

노력하는 곳에는 그만큼의 대가가 있게 마련이다.

생각하기에 따라서는 어떠한 경우에도 칭찬할 수 있다.

하지만 사람들이 칭찬에 인색하고 굳이 노력하지 않는 까닭은 지금까지 올바른 칭찬을 받아 본 적이 없기 때문이다.

그러므로 칭찬을 위한 자기의 잠재능력을 끄집어내려는 노력을 해야 한다. 자기상(自己像)이 변하면 인간관계도 변한다.

사람들이 칭찬에 인색하게 되는 것은 사소한 장점을 무시하기 때문이다. 큰일에 대해서만 칭찬하려고 마음먹으면 칭찬할 기회를 한

번도 만들지 못 할 수 있다. 남들이 보지 못하는 사소한 장점들을 찾아 칭찬해주었을 때 의외의 효용이 있다.

칭찬에 대한 노력으로는

- 의식적으로 칭찬하는 표정을 지어야 한다.
- 칭찬하는 말을 많이 사용하여야 한다.
- 칭찬하는 편지를 써야 한다.
- 칭찬하는 전화를 먼저 걸어야 한다.

이렇게 의도적으로 칭찬하는 일에 적극적으로 나서다 보면 다른 사람을 비난하는 마음에서 벗어날 수 있고 나의 마음이 칭찬하는 마음으로 변한다.

이것은 결국 가정과 직장, 사회와 국가를 바꿀 수 있다.

칭찬을 즐겨야 한다. 노력은 좋아하는 것에 못 미치고, 좋아하는 것은 즐기는 것에 훨씬 못 미친다.

이 말은 무슨 일인가를 노력해서 하는 사람은 그것이 좋아서 하는 사람을 따를 수 없고, 좋아서 하는 사람일지라도 그것을 즐기는 사람에게는 필적할 수 없다는 말이다.

칭찬이란 입으로 하는 말도 아니고, 눈에 보이는 형태도 아니다. 마음 그 자체이다.

제대로 갖추지 못한 칭찬은 오히려 역효과만 가져온다. 왜냐하면 칭찬이란 칭찬하는 사람 자신의 마음이 문제이기 때문이다.

칭찬에 능란한 사람이 되기 위해서는 끊임없이 노력해야 한다.

04.
감정을 억제하려 한다

　우리는 유교적 사상으로 인해 희로애락(喜怒哀樂)의 감정을 받아들이고 겉으로 드러내는 것은 품위가 없는 것으로 생각하는 경향이 있다.
　하지만 이제는 상대방의 멋진 연설과 제스처, 기분 좋은 말씨와 행동, 새롭게 보이는 옷차림, 깍듯한 예절 등을 보면 즉시 칭찬을 할 수 있어야 한다.
　스위스의 심리학자 융(Carl Gustav youg)은 인간의 네 가지의 심적 기능을 갖고 있는데 그 중에 감정기능은 사물에 대해 가치를 부여하는 기능이라고 했다.
　가치부여란 받아들이느냐 아니면 배척하느냐 라는 일종의 판단이다.

　인간은 감정의 동물이다.

상대방에게 좋은 감정을 보내면 그 곳으로부터도 좋은 감정이 오게 되어있다.

그런데도 우리는 보통 그 감정을 추스르고 억제하기 일쑤다.

팔짱을 끼고 바라만 보고 있다. 그래서 칭찬에 능란하지 못하다.

과도한 감정억제는 자기도 모르는 사이에 무표정한 얼굴과, 죽은듯한 인상을 만들며 그 결과 인간관계도 좋지 않게 되고 만다.

인간관계에 있어서 밝은 표정의 사람은 누구에게서도 호감을 받는다. 그 사람이 있는 것만으로 모두가 즐거운 기분이 들기 때문이다.

미국의 심리학자인 제임스 (William James)와 덴마크의 병리학자인 오토랑게(Otto-Range)는 '제임스-랑게학설'을 발표하였다.

이 학설에 따르면 슬퍼서 울고, 무서워서 도망치는 것이 아니라 반대로 우니까 슬퍼지고, 도망가니까 무서워진다는 것이다.

다시 말하면, 슬픔과 기쁨 또는 공포와 같은 감정은 오히려 울고 웃고 달아나는 감정표현에서 출발한다는 참으로 재미있는 학설이다.

행동에 의하여 더욱더 그 방향으로 강화되는 경향이 있다는 것이다. 이런 점으로 미루어 볼 때 칭찬의 감정표출이나 행동을 의도적으로 일으킴으로써 칭찬을 더 강화하게 되고 그것을 습관으로 만들어 나갈 수 있다.

신약성서는 "여러분은 무엇이든지 참된 것과 고상한 것과 옳은 것과 순결한 것과 사랑스러운 것과 덕스럽고 칭찬할 만한 것들을 마음속에 품으십시오."라고 충고한다.

하늘아래 모든 일에는 시기가 있고 모든 재주에는 때가 있는 것 같다.

무엇인가를 행하기에 마땅한 시기를 잘 판단하여 진행하는 것은 일의 성취에 있어 중요하다.

자신의 감정을 억제하느라 상대방에 대한 칭찬의 시기를 놓쳐 버리면 어떻게 되겠는가?

상대방의 좋은 표양(表樣)에 대해서는 감정을 숨기지 말고 자연스럽게 칭찬해 보도록 노력하는 것이 우선이다.

05.
겸손은 미덕이라고 생각한다

인간이란 누구나 칭찬받기를 좋아한다.

그렇지만 '칭찬하는 손이 천 명, 욕하는 입이 만 명' 이라는 말이 있다.

세상에는 칭찬하는 사람도 있고 욕하는 사람도 있는데 악평하는 쪽이 아무래도 더 많다는 말이다.

이 밝고 좋은 세상에 왜 그럴까?

우리는 칭찬보다는 비난을 더 많이 하며 살아간다.

남이 나보다 잘 되는 것을 보고도 흔쾌히 기뻐해 주지 못하고 트집을 잡으려 하곤 한다.

그러한 것들은 상대적 열등감에서 오는 인간의 본능이라고 할 수 있다. 이러한 상대적 열등감에서 벗어나는 길은 긍정적인 사고를 갖는 것이며 그 중 하나가 칭찬의 길이다.

칭찬의 길로 들어서면 희망이 보인다.

하지만 이러한 칭찬도 '겸손은 미덕'이라는 고정관념에 사로잡혀 능란하지 못하다.

상대방의 좋은 칭찬꺼리가 있어도 '가만히 있으면 중간은 가겠지' 하는 생각으로 그냥 지나쳐 버리곤 한다.

예부터 최고의 지혜는 '친절과 겸손'이라고 해왔다.

겸손이란 자기를 내세우지 않고 상대방이 말하고자 하는 것과 바라는 것을 될 수 있는 한 인정하는 것이다.

그렇지만 "지나친 겸손은 일종의 자만이다.(Too much humility is pride)"라는 말처럼 겸손을 시위 적으로 내세우는 것은 참된 겸손이 아니고 오히려 겸손을 파는 것이다.

겸손함을 자랑해서는 안 되며, 그것을 자랑하는 것은 자만하는 사람과 다를 바 없다.

겸손을 내세워 남을 감탄시키려고 한다면 그보다 더 천한 것은 없다고 본다.

유교적 사상에 물들어 있는 동양인들은 아직도 다른 사람 앞에 나서기를 싫어하는 풍조가 뚜렷한 데, 이것은 겸손이야 말로 최고의 미덕이라고 생각하는 관념이 강하기 때문이다.

이에 서양인들은 동양인들에 대해 자기주장이 부족하다, 내숭을 떤다고 지적하면서 적잖은 불쾌감마저 갖는다고 한다.

왜냐하면 결국 상대가 무엇을 생각하고 있는지 모르며 그것 때문에 불안감에 사로잡히기 때문이다.

극도로 자기표현을 감추려 하고 겸손한 태도를 취하는 사람은, 사회에서 자기의 욕구를 그대로 드러내면 환경에 적응해 나가지 못하지 않을까 하는 불안감을 갖고 있다는 증거다.

자기의 분명한 태도를 나타내지 않는 사람한테서는 불안감을 찾을 수 있다.

그런 곳에서는 어딘지 모르게 컴컴한 것 같고 음흉스럽게 생각되어 지기도 한다.

인간은 자기의 공격적 욕구를 눈치 채지 못하게 하려고 그 욕구와는 반대되는 태도를 보여주는 경우가 있으며 그러한 태도의 하나가 자기표현을 극단적으로 회피하는 행동으로 나타난다.

현대는 개성시대요, 자기 P.R시대다.

자기 의사를 정정당당하게 주장하고 상대방의 장점을 바르게 표현할 수 있어야 한다.

'상대방 칭찬하기'라는 게임이 있다.

먼저 가위 바위 보를 해서 차례를 정한 후 진 편부터 자신에 대한 소개를 30초 동안 하고 곧 이어서 상대방과 역할을 바꾼다.

이렇게 해서 두 사람의 소개가 모두 끝나면 두 사람은 상대방의 소개 내용을 참고해서 동시에 서로를 칭찬한다.

즉 두 사람이 서로 왼손으로 악수를 한 후 진행자의 '시작'신호와 함께 상대방을 칭찬하는 데 1초 내로 말을 잇지 못하면 서로 상대방의 왼손 등을 한 대 칠 수 있다.

게임 시간은 약 10초 정도이다.

이 게임은 상대방에 대하여 칭찬할 줄 모르는 사람이 그야말로 혼 줄 나는 게임이다.

이런 게임을 많이 해야 한다.

그렇게 하다 보면 칭찬의 효용은 더욱 커지며 칭찬의 상황에서

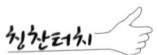

능란해질 수 있을 것이다.

'겸손'이라는 미명아래 칭찬에 인색해서는 안 된다.

다른 사람 앞에서 상대방의 좋은 점을 과감히 칭찬할 수 있어야 한다.

그러면 칭찬의 효용은 더욱 크며 칭찬에 능란해 질 수 있다.

06.
상대방에 대한 경계심이 있다

서양 속담에 "바보도 칭찬해 봐라. 그러면 쓸모 있게 된다. (Praise a fool, and you make him useful)" 라는 말이 있다.

이것은 사람을 활용하는 요령을 말한 것이며, 바보나 못난이도 칭찬을 가지고 잘 달래면 유용하게 쓸 수가 있다는 뜻이다.

그렇게 좋은 효용을 발휘하는 칭찬에 우리가 능란하지 못한 것은 내 마음속에 상대방에 대한 강한 경계심을 갖고 있기 때문이다.

내가 이렇게 칭찬했을 때 상대방은 어떻게 느낄까?

내 칭찬에 상대방은 비웃지나 않을까?

상대방이 너무 기뻐 어찌할 줄을 모르는 게 아닌가?

칭찬다운 칭찬도 아니라고 깔보지는 않을까? 하는 경계심리가 도사리고 있기 때문에 칭찬을 못하는 것이다.

자기마음은 자기의 성(城)이 될 수도 있고 반대로 감옥이 될 수도 있다.

마음의 창문이 굳게 닫혀 있으면 감옥과 다를 바 없고 반대로 활짝 열려 있으면 천국의 세계가 될 수도 있는 것이다.

인간은 스스로 생각하는 동물이다.
그리고 나아가 스스로 생각한 바에 따라 행동하고 싶어 한다.
내가 진정 상대방을 기쁘게 해주려면 어떠한 경우에도 미리부터 경계하지 않는 자세가 중요하다.
그래서 상대방에게 좋은 인상을 남기고 싶으면 우선 나의 호의(好意)를 상대방에게 보여주어야 한다.
인간관계라는 것은 상호작용이어서 거기에는 교환법칙이 작용한다. 내가 상대방에게 기분 좋은 감정을 나타내면 상대방도 이에 대응하여 마음을 열어 주는 자기개시(自己芥視)의 효과가 있다는 것이다.
나의 마음이 부드러운 자세를 갖도록 하기 위해서는 우선 심리적 갈등을 해소시켜 마음 상태를 '해보자'의 방향으로 수정시켜야 한다. 이런 마음의 준비를 최광선 교수는 '정신적 준비상태'라고 하였다.
부정적이고 경계적인 정신적 준비상태가 긍정적인 정신적 준비상태로 금방 바뀌질 수는 없다. 차근차근 긍정적인 방향으로 자연스럽게 유도하여 '해보자'의 정신적 준비상태를 만들어 가야 한다.
"한 걸음 양보함은 백 걸음 양보하는 것과 같다."는 이야기처럼 사람에 대한 경계심은 상대방에게 접근해 갈수록 강해지기 보다는 의외로 약해지는 경향이 있다.
내가 마음의 경계를 풀고 상대방에게 접근하면 상대방의 마음도 풀어지기 마련이다. 그러므로 내가 먼저 마음의 문을 열어야 한다.

쌓아놓은 경계의 벽을 허물어 버리고 내 마음의 문을 열어야 한다. 터놓고서 하는 말은 서로간의 간격을 좁히는 촉매제가 된다.

자기의 속마음을 속속들이 터놓는다는 것은 자기의 모든 것을 상대에게 보여주는 것이기 때문에, 마치 입은 옷을 모두 던져 벗어 버리고 자기의 알몸을 보여 주는 것과 같다고 할 것이다.

그래서 쉽지 않은 것이다.

서양에서 전해 내려오는 이야기다.

약방(藥房)에 들어온 사내는 변성하고 전화를 걸었다.

"에드워즈 회사의 사장님이신가요? 혹 사무실 재정 관리를 맡아볼 사람을 쓰지 않으시겠나! 해서 전화를 드렸습니다."

"네에…, 그러시군요!…. 지금 함께 일하고 있는 사람이 대단히 유능하고 믿을 만하여 한 20년간 같이 근무해 줬으면 좋겠단 말씀이시군요. 감사합니다. 안녕히 계십시오."

약방 주인은 돌아서서 나가려던 그 사나이에게 이야기를 건넸다.

"본의 아니게 전화로 통화하는 것을 엿들었습니다만 거참 안됐군요. 일자리가 잘 안돼서…."

그러나 그 사내는 명랑하게 대답했다.

" 아, 아닙니다. 내가 바로 그 회사의 재정 관리인인걸요. 다만 사장님이 나에 대해서 어떤 경계심이 있나, 또 어떻게 보고 있는 지 궁금했던 겁니다." 하고 사라졌다.

경계심은 일의 진행을 가로막는 장벽이다.

인간은 자기의 진실한 동기를 상대방에게 알리고 싶지 않기 때문

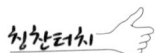

에 여러 가지 이유를 붙여 자기행동을 숨기는 경우가 있다.

또 남자가 먼저 마음을 터놓으면 무게 없는 사람이라고 배척하는 때도 있다. 그러나 이제 개방의 시대에 너도나도 경계심을 버리고 칭찬의 문을 두드려야 한다. 그러면 칭찬에 능란한 사람이 될 수 있다.

07.
말 주변이 없다

　미국의 설득 심리학자 로버트 콩클린(Robert Conklin)은 "칭찬하는 말은 인간의 마음을 만족시키고 풍요하게 하며 기쁘게 하고 그리하여 따뜻한 심정을 북돋아 준다."라고 하였다.
　인간의 심부를 뒤흔드는 칭찬도 언어로 엮어서 말로 표현해야 한다. '고기는 바늘로 낚고 사람은 말로 낚는다.'는데, 우리들은 보통 그렇지 못하다.
　그래서 칭찬에 능란하지 못하고 있는 것이다.
　"구슬이 서 말이라도 꿰어야 보배가 된다."
　아무리 구슬이 많이 있어도 꿰어 놓지 않으면 그 값어치가 없는 것이며, 아무리 훌륭한 일이라도 완전히 끝을 맺지 못하면 값어치가 없는 것이다.
　인간의 심리란 참으로 묘한 것이어서 말투나 말씨의 차이만으로

도 크게 변화한다. 가령 말투가 공손하면 마음이 신중해지며, 반대로 터놓고 말하면 상대편도 허물없이 나오게 마련이다.

아무리 박식하고 사회적 지위가 높은 사람이라도 상대방에게 자기의 의사를 제대로 표현하지 못하면 상대방은 실망하게 된다.

말은 인생을 바꿀 수도 있다.

그리고 이 말은 칭찬을 빛나게 한다.

말이라는 것은 문장과 더불어 인간의 가장 기초적인 지적 능력이다. 언어가 인간에게 주는 첫 번째 역할은 사람과 사람을 연결해 주는 것이다.

사회생활에서 말하기는 나의 의사나 감정을 전달하기 위한 중요한 수단이 된다.

그러나 말하기의 공포는 누구에게나 있다.

그래서 말하기에는 다른 사람들의 웃음거리가 되더라도 겁내지 말고 끊임없이 훈련하는 것이 필요하다.

칭찬의 말하기란 무엇을 말할 것인가와 무엇을 전달할 것인가의 내용만으론 충분하지 않고 어떻게 전달할 것인가가 중요하다.

미국의 심리학자인 메브러비언의 연구에 의하면 말하는 사람이 어떤 인물이냐를 판단하고 평가할 때

- 먼저 그 인물의 얼굴 모습, 표정이 가장 큰 영향을 주고(55%)
- 두 번째는 그 인물의 목소리(37%)이며
- 말의 내용은 아주 작은 영향을 준다고 하였다.

여기에서 중요한 것은 얼굴의 표정과 일치된 말을 써야 한다는 것이다. 칭찬하는 말 뒤에는 칭찬하는 얼굴이 있어야 하고, 또 그 안에

는 칭찬하는 마음이 있어야 한다.

그러므로 상대방 앞에서 위축되지 않기 위한 보다 큰 요건은 자신의 마음가짐에 달려있다.

나는 당신보다 못하다, 나는 당신보다 잘난 데가 없다는 식의 자격지심(自激之心)은 스스로 자기 자신을 비하시켜 도피 작용을 유발하게 하는 것이다.

많은 경우에 좋은 일을 생각하면 좋은 일이 생긴다. 그러나 나쁜 일을 생각하면 나쁜 일만 일어나는 것을 볼 수 있다.

칭찬의 말을 하는 데는 '너도 사람, 나도 사람' 이라고 생각해야 한다. 칭찬의 말을 잘 하기 위해서는 아래와 같이 해야 한다.

- 듣는 상대방의 입장에서 말해야 한다.
  말 잘하는 사람은 또한 듣기도 잘 한다는 말처럼 듣기를 잘 해야 한다.
- 간단히 말해야 한다.
  대화에서 짧으면 짧을수록 쉬우면 쉬울수록 환영 받는다.
- 자연스런 목소리로 활기차게 말해야 한다.
- 상대방에게서 시선을 떼지 말아야 한다.
  이것은 상대방을 말 뿐만 아니라 눈으로도 칭찬해야 한다는 것이다.
- 멋진 제스처를 활용해야 한다.
  목소리로 나타낼 수 없는 칭찬의 감정은 몸으로 나타낼 수 있다.
- 속어나 비어는 사용하지 않고 품위 있는 용어를 사용해야 한다.
- 칭찬과 어울리는 적당한 유머를 사용해야 한다.
- 상대방과의 거리는 약 40cm가 적당하다.
- 클라이막스 법이 좋다

이것은 화제의 중요도가 낮은 것을 먼저 말학 중요한 것을 나중에 말하는 방법이다.

사람들은 상대편이 한 말 가운데 마지막 부분이 가장 인상에 남는다고 한다.

그러므로 마지막 부분에 한 마디 칭찬의 말을 보태면 결론은 자연히 칭찬하는 것으로 받아들여 다소 언짢은 이야기도 마음에 담아두지 않게 된다.

이런 노력들을 통하여 말 주변이 좋아지고 칭찬에 능란토록 해야 한다.

인간관계에 윤활유가 되는 칭찬의 말 10가지

- 01.   참 잘 해 냈다
- 02.   요즘 멋져 보여
- 03.   아주 훌륭하다
- 04.   참신한 아이디어다
- 05.   일하는 모습이 좋다
- 06.   도와줘서 고마워
- 07.   역시 자네야!
- 08.   잘 알고 있었군. 바로 그것이야
- 09.   소문처럼 틀림없군
- 10.   놀랍군. 놀라워

둘째 마당

생활속
칭찬 만들기

칭찬은 진실을 멀리 따라가다가
무덤에 이르러서야 뒤따라 잡는다.
그럴싸함이 진실의 치맛자락을 단단히 붙들고
무덤에 이를 때까지 따라가 매달린다.

- 제임스 러셀 로웰 -

제 6 장
가정에서의 칭찬

"자녀 스스로 판단한 일을 존중하라.
비록 마음에 흡족하지 않더라도
색다른 생각이라고 먼저 칭찬해 주라!"

01.
당신은 일류 요리사

K보험회사 김과장 댁의 아침식탁에 귀한 생태찌게가 올라왔다.
김과장이 한 수저 떠서 먹어보니 맛이 일품이었다.
이때가 칭찬의 타이밍이다.
"웬일이야! 생태찌게 맛이 일품이야, 당신은 일류 요리사야."
"그래요?"
"음식점 한 번 차리시지?"
"친구가 강릉 갔다 오면서 한 상자 사왔는데 몇 마리 얻었어요!"
"생태, 비쌀 걸?"
"작은 것 한 마리에 3천원에서 5천원 가요!"
아침 식탁 분위기가 화기애애했다.

해군본부에 근무하는 송대령은 추석날에 큰댁에 갔다.
조카며느리가 여러 가지 음식을 장만하였다.

특히 김치 깍두기는 알맞게 익었다. 그리고 생선 부침개는 맛도 그만이다.

조카며느리에게 칭찬의 기회를 놓치지 않았다.

"애야! 김치 깍두기 참 맛있다."

"작은 아버지 신 것 좋아하세요?"

"생선 부침개는 조금 짜지만 아주 맛있다."

그런 이야기를 진행해 나가자 장가 안간 조카는

"작은 아버지, 형수한테 뭐 켕기는 것 있어요?"

"왜 그렇게 아부하세요?"

"그것은 아부가 아니라 칭찬하는 것이란다. 가정 안에서도 서로 칭찬을 해야 한단다."

하여 한바탕 웃음꽃을 피운 일이 있었다.

철학자 황필호 교수는 『서양 사람들의 칭찬하기』란 글에서 생전 처음으로 미국인 가정에 다른 미국인과 함께 저녁식사 초대를 받았는데, 막상 그 집에서 나오는 음식은 누구나 길거리에서 쉽게 사 먹을 수 있는 햄버거와 푸른 콩을 삶은 음식뿐이었다.

그런데 같이 초대받은 미국인 부부는 계속 그 집의 음식에 대하여 칭찬을 하더라는 것이다.

"이 빵 정말 맛있어요!"

"이 콩은 최상입니다."

"이 햄버거의 고기는 특별히 연하군요!"

가정에서의 요리솜씨에 대해 어떻게 칭찬해야 하는가를 보여주는 이야기다.

당신은 이 세상에서 제일 가까운 아내를 칭찬해 본 일이 있는가? 또 얼마나 자주, 어떻게 칭찬하는가?

아내에 대한 칭찬이라고 하면 모두들 특별한 경우만을 생각한다. 보통은 얼굴이 예쁘거나, 손재주가 좋다거나 또는 대단한 희생을 치렀을 경우에만 칭찬하는 것으로 생각한다.

천만에! 그렇지 않다.

부부 사이에 웬 칭찬이냐고 생각하는 사람들도 많을 것이다.

이는 한참 잘못된 생각이다.

칭찬은 가정에서부터 시작되어야 한다.

가정에서 행복을 만드는 첫 번째 길인 칭찬에 나를 비롯한 대부분의 한국 남편들은 서툴다. 또한 남편의 하찮은 칭찬 한 마디가 아내에게 생명력을 불어 놓여 준다는 사실을 기억해주는 남편도 드물다.

그래서 남편들은 아내의 음식 솜씨에서부터 칭찬하는 버릇을 몸에 익혀야 한다.

칭찬은 일종의 선물이나 공물이라고 하지 않았는가!

오늘 아내에게 행복을 위하여 칭찬의 선물을 보내자.

모 TV의 주부시대에서 나를 기쁘게 했던 남편의 말 한 마디를 조사했는데 그 내용을 보면

1. 5위: 당신이 더 예쁜데(드라마 여주인공 보다)
2. 4위: 당신이 최고야!
3. 3위: 정말 고마워!
4. 2위: 고생했어. 여보!
5. 1위: 사랑해! 였다.

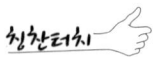

아내의 요리 칭찬에서부터 출발하여 이런 말들을 칭찬의 언어로 엮어낼 수 있어야 한다.

아내의 솜씨, 아름다움, 말씨 등에서 칭찬거리를 찾으려 하면 얼마든지 쌓여 있다.

보통아내의 꿈은 영화처럼 살고 싶은 것이 아니다.

다만 자기 가정의 틀 속에서 자기 남편으로부터 칭찬의 소리를 들으며 살고 싶을 뿐이다.

02.
다시 해 보세요

인간이 가정을 꾸리며 삶을 살아가는데 있어서 궁극적으로 추구하는 목적은 '행복' 이다.

이 행복은 부부 사이의 깊은 이해로 만들어 가는 것이다.

어떤 가치를 위하여 열정을 다 바쳐 노력하며, 높은 뜻을 세우고 그 뜻이 하나하나 성취되어 갈 때 바로 그것이 인생의 보람이며 행복이다. 그리고 행복은 저 멀리 있는 것이 아니라 언제나 우리와 더불어 살고 있다.

'부부회' 라는 모임에서 부부금실의 묘약으로 10가지 실천사항을 제시했는데 그 첫 번째가 '칭찬과 격려의 말을 입버릇처럼 하라' 는 것이다.

"당신 생각이 옳아요!"

"당신 옷차림이 잘 어울리네요!"

"당신과 있으니까 좋아요!"

"당신 멋쟁이야!" 등 배우자를 칭찬하는 말은 많을수록 좋은 것이다.

매사에 비웃음, 묵살 등 부정적인 표현은 삼가 해야 한다. 사람은 항상 자신의 가치를 인정받고 사랑 받을 때 뿌듯한 기쁨을 느낀다.

자동차 왕이라고 불리는 헨리 포드는 자동차를 발명하겠다는 큰 야심을 품고 발명에 착수했다.

그러나 그는 오랫동안 자동차 발명의 돌파구를 찾지 못하고 고통스런 나날을 보내고 있었다. 그는 계속되는 실패로 자신감을 잃어가고 있었으며 마지막 남은 시골집마저 팔지 않으면 안 될 지경에 이르렀다.

그 때 그의 아내 클라라 포드는 남편의 손을 붙들고 "다시 해 보세요. 언제까지라도 같이 가겠어요!" 라고 격려와 칭찬을 아끼지 않았다.

남편에 대한 아내의 칭찬이 실의에 빠질 뻔 했던 남편을 일약 '자동차 왕' 이라는 세계적인 위인으로 만들었다.

그의 부인도 역시 세계적인 위인인 것이다.

그래서 미국 디트로이트시의 포드 기념관에는 포드와 그의 아내의 사진이 걸려 있고 그 사진 아래에는 "포드는 꿈꾸는 자이고, 그의 아내는 믿음의 사람이다."라는 글이 새겨져 있다.

아내는 남편을 칭찬해 주어야 한다.

하루에 한 번 아니 열 번 이라도 반드시 남편을 칭찬해 주어야 한다.

실제 대부분의 남편들은 갈수록 경쟁이 치열해지는 직장과 상대적으로 소홀해지기 쉬운 가정에서 뒤떨어지지 않는 남편, 자녀와 가까운 아빠가 되기 위해 온갖 노력을 기울인다.

그들의 노력은 어쩌면 눈물겹기까지 하다.

아내는 남편에게 보다 많은 격려와 칭찬을 해야 한다. "난 당신과 결혼해서 참 행복해요."

"당신이 역시 최고야!"

"이웃 집 남자와 비교해도 당신이 더 멋져요!"

"당신과 결혼하기를 참 잘했어요!"

이런 칭찬의 말을 들으며 생활하는 남편에게는 결코 용기를 잃고 좌절하는 일은 없을 것이다.

모TV의 주부시대에 나온 '나를 기쁘게 했던 아내의 말 한 마디'로는

1. 5위: 아이가 당신 닮아서 똑똑해요(당신 정말 똑똑하군!)
2. 4위: 당신을 믿어요
3. 3위: 저 결혼 잘 한 것 같아요
4. 2위: 여보 저 임신했어요
5. 1위: 나한텐 당신이 전부예요 등이다.

가정 안의 결혼 생활은 긴 대화임에 틀림없다.

가정 안의 결혼 생활은 긴 대화임에 틀림없다.

이런 대화가 없는 가정의 남편은, 칭찬해 주는 아내가 없는 남편은 무척이나 고독할 것이다.

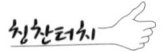

오재호, 김태자 부부는 『부부싸움 합시다』에서 이런 질문을 던지고 있다.

"나는 오늘 사랑하는 남편의 어떤 점을 칭찬할 수가 있겠습니까? 아주 구체적으로 한 가지만 대답 하십시오. 이것저것 다 칭찬할 수 있다는 대답은 아무것도 칭찬해 주지 않겠다는것입니다. 아무 것도 칭찬할 것이 없다고 생각하시는 것은 지금 자신이 부정적으로 살고 있다는 뜻입니다. 점잖지 못하거나 쑥스럽다고 생각하는 것은 칭찬을 받아 본 일이 없기 때문입니다. 지금 대답하십시오. 그리고 오늘 중으로 실천합시다."

이런 질문을 나한테 던진다면 나는 과연 어떤 응답을 할 수 있겠는가?

03.
좋은 재능을 가지고 있구나

　아버지 조셉 케네디(J.P.Kennedy)는 집을 떠나 학교 기숙사에 있는 아들 존(J.F.Kennedy)에게 꼼꼼한 칭찬의 편지를 보냈다.
　존은 초등학교를 마친 뒤 기숙사제의 중등학교에 들어가 있었는데, 여기에서 개구쟁이들의 대장이 되고 교장과 담임선생님에게 실컷 골머리를 앓게 하였으며 성적도 좋지 않았다.
　워싱턴에 있는 아버지는 교장과 편지로 상의도 하고 존에게 편지를 자주 써 보내서 칭찬과 격려를 하였다고 한다.
　"내가 여러 해 동안 사람을 보아온 경험에서 말하자면 너는 좋은 재능을 가지고 있구나. 그런데 하느님으로부터 받은 능력을 발휘하지 않는다면 그것은 어리석은 일이라고 생각지 않니? 그러니 자신에게 최선을 다하라고 나는 말하고 싶구나!"
　아버지 조셉 케네디는 아이들을 굉장히 사랑하고 잘 돌봐 주었다고 한다. 그 후 하버드에 들어간 존은 전과는 달리 학업에 정진했고 성적도 좋아졌다.

그가 바로 미국의 제 35대 대통령 존 F 케네디다.

부모에게 있어 자식은 이 세상 무엇보다도 소중한 존재이다.

그러나 우리나라 부모들은 자식에 대한 사랑과 소중함을 잘 표현하지 않는다.

'자녀들을 비난하지 마라!', '꾸중보다는 칭찬을 많이 하여라!', '비교하지 마라!' 하는 정도는 웬 만한 부모라면 모두 알고 있다.

그러나 마음먹은 대로, 알고 있는 대로, 책에서 읽은 대로 하지도, 되지도 않는다.

아이나 어른이나 칭찬을 들으면 기분이 좋아지고 일에 대한 의욕도 훨씬 많이 생기게 된다. 아이들은 어른들보다 칭찬에 더욱 약하다. 칭찬을 들으면 기분이 좋아지고 더욱 신이 나게 마련인 것이 아이들이다.

그러나 칭찬을 해 주는 부모가 진심으로 함께 기뻐하고 칭찬하는 게 아니라면 자녀들은 금방 눈치를 채게 되어 있다.

아이들은 아주 예민하다.

자녀에게 "왜 너는 만날 꼴찌만 하느냐?"고 야단만 친다면 분발하여 우등생이 되는 것이 아니라 영원히 꼴찌에서 벗어나지 못한다고 한다.

그러나 "나는 너를 믿는다." "나는 너의 성적이 올라갈 것이라는 것을 알고 있다."라고 자신감을 불어 넣어주면 자녀의 운명은 달라지게 되어 있다.

한남대학교 김형태 교수는 가정교육과 학교교육에 필수요소인 칭찬과 꾸중을 함에 있어 '5-3-1원칙'을 지켜야 한다고 하였다.

다섯 번 지도(guidance)해 주고, 세 번 칭찬해 주며, 한번쯤은 꾸중을 하는 것이 좋겠다는 것이다.

청소년 폭력예방 재단이 펴낸 『좋은 세상』에서는 아버지와 자녀를 가깝게 하는 12가지 지혜를 소개하고 있다.

그 글에서 네 번째 지혜로

"자녀 스스로 판단한 일은 존중하시오. 비록 자녀가 결정한 사항이 마음에 들지 않더라도 색다른 생각이라고 먼저 칭찬해 주시오!" 라고 충고한다.

사랑의 전화 부설기관인 교육상담소 에서는 어린이 및 청소년 성격유형검사(MMTIC)를 통한 성격유형별 학습방법을 연구하여 발표한 바 있다.

그 자료에 의하면 감정적 성격을 지닌 자녀에게는 계속적인 칭찬이 효과적이라고 한다. 감정적 성격을 지닌 자녀는 감정이 풍부하고 인정이 많고 순하다는 이야기를 자주 듣는 편이다.

그런 자녀에게는 칭찬이 약인 것이다.

그래서 인문계나 예·체능계 소질이 있는 감정적 성격의 자녀는 자신이 한 일뿐만 아니라 자녀 자체에 대한 칭찬을 자주 해줄 때 학습효과가 높게 나타난다고 한다.

그런 반면에 따지는 것을 좋아하는 논리적 성격의 자녀는 기분 좋은 말로 칭찬해 주는 것만으로는 만족하지 못한다고 한다.

논리적인 이유로 자녀가 한 구체적인 일에 대한 인정을 받을 때

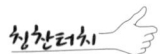

만이 만족감을 느끼고 학습효과도 높아진다고 한다.

  자녀들은 부모를 닮는다.
  그래서 대부분의 자녀들은 몸짓, 말투, 사상, 감정까지도 부모를 닮는다고 한다.
  행복한 부모를 보고 자라난 아이와 불행한 부모의 모습을 보고 자라난 아이는 전혀 다른 모습으로 성장하게 된다.
  부모들이 먼저 칭찬하는 모습을 보여주자.
  자녀들의 장점을 찾아 진실로 칭찬해 주자.
  가족끼리 서로 칭찬하는 모습처럼 아름다운 것은 없다.
  여기서 우리 자녀들은 원만한 인간관계를 배우게 될 것이다.

04.
글을 참 잘 썼다

가정과 부모만큼 알맞은 교육자는 없다.
그래서 가정 안에서 자녀들에게 부모의 교육영향은 지대하다.

맹자는 전국시대(戰國時代) 중기 추(鄒)나라(지금의 산동성 추평현)에서 태어났다.
일찍이 그의 어머니는 아들의 교육환경을 위하여 집을 세 번씩이나 옮김으로써, '맹모삼천지교(孟母三遷之敎)'라는 교훈을 남겼다.
뿐만 아니라 아들이 공부해야 할 기간을 채우지 않고 중도에 집으로 돌아왔다 해서 그의 어머니는 짜던 베를 끊어 훈계했는데, '단기지훈(斷機之訓)'이라는 유명한 고사(古事)로 오늘날까지 전해지고 있다.
이처럼 맹자는 어머니에게서 받은 감화에 힘입어 올바르게 자랐으며, 그이 어머니는 동서고금을 통하여 현모(賢母)의 귀감이 되

고 있다.

　부모 교육의 힘이 얼마나 큰 것인가를 보여주는 예이다.
　자녀를 잘 육성시키는 방법으로 약점을 고치게 하는 것과 장점을 키우는 것이 있다.

　덴마크의 안데르센은 동화작가로 유명하다.
　안데르센이 오늘날과 같이 유명한 동화작가가 된 것은 바로 어머니의 칭찬 때문이었다고 한다.
　안데르센이 처음부터 글을 잘 쓴 것은 아니었다.
　그가 어려서 글을 썼을 때, 그 글을 읽은 삶들은 모두가 하나같이 안데르센의 글 솜씨를 인정해 주지 않았을 뿐더러 오히려 글을 쓰지 않는 것이 좋겠다고 충고해 주는 사람까지 있었다.

　그러나 유독 그의 어머니만은 안데르센의 글을 읽고 글을 참 잘 썼다고 칭찬해 주었다.
　그래서 안데르센은 어머니한테 칭찬을 받는 것이 즐거워서 계속해 글을 썼고, 그의 어머니도 그런 그에게 계속해서 칭찬해 주었다.
　그러는 과정에서 안데르센의 글 솜씨는 날로 향상되어 갔고, 결국 오늘날과 같은 유명한 동화 작가가 된 것이다.
　아! 어머니의 칭찬의 힘이 얼마나 큰 것인가!

　이상헌 씨의『행복한 가정 만들기』에는 이런 글이 있다.
　'웅진'의 전무로 있는 지윤미씨의 아들이 용산고등학교에 입학하여 통지표를 가지고 집에 돌아왔다.

"어머니, 다른 아이들은 술 마시고 당구치고 놀면서도 성적이 앞서는데 저는 술도 마시지 않고 당구도 치지 않았는데 왜 꼴찌가 되었을까요?"

지윤미씨는 화를 내거나 야단을 치는 대신 다정한 목소리로 말했다.

"다른 아이들은 술을 마시고도 공부하고, 당구를 치면서도 공부를 했지만, 너는 술이나 당구를 하지 않으면서 공부도 안했기 때문이 아니겠지? 그렇지만 너는 시작하면 잘 할 수 있어!"

아들은 그 얘기를 듣더니 껄껄 웃으며

"어머니 말씀을 듣고 보니 정말 그렇군요!"

"나는 너를 믿는다."

지윤미씨는 자칫 흐트러지려고 하는 아들에게 자신감을 심어주고 칭찬을 아끼지 않았다.

이렇게 해서 아들은 대학을 나오고 결혼을 한 다음 미국으로 유학을 떠났다.

자녀를 성장하게 하는데 약점을 고치려고 하는 대신 장점을 키워주는 것이 훨씬 더 효과적이라는 것을 보여주는 이야기다.

한국 천주교회 사상 처음으로 4형제를 신부님으로 탄생시킨 이춘선(마리아)씨는 모 신문과의 인터뷰에서 이런 이야기를 했다.

"모든 것이 다 감사할 것 밖에 없지만 지금 더욱더 감사하게 느껴지는 것이 있어요. 초등학교 문턱에도 가보지 못한 저에게 국문을 읽고 쓸 줄 아는 능력을 주셨다는 거죠.

만주 연길교구의 조그만 성당에서 문답교리를 배우며 '가갸거겨'

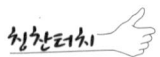

를 익혀 나갈 때 저희 친정아버지께서 북간도용정 연길교구에서 발행하는 '카톨릭 조선' '별보' '청년' '소년' '경향'이 다섯 가지 잡지를 다 받아 볼 수 있게 해 주셨어요.

더듬더듬 글 읽는 솜씨로 아버지 앞에서 신문을 읽다보면 아버지께서는 '우리 마리아가 아주 잘 읽는다.' 하시며 칭찬을 하십니다. 그러면 언제나 칭찬을 듣고 싶어서 아버지 앞에 서서 신문을 소리 내어 읽곤 했지요. 그 때 익힌 그 부족한 실력으로 신앙서적을 읽게 되고, 성서도 읽게 되고, 접할 수 있는 모든 양서를 읽어 갔던 겁니다. 그렇게 독서의 양이 늘어나다 보니 토막 지식도 생기고 삶의 철학도 나름대로 표현할 수 있게 된 거죠."

부모의 칭찬의 힘이 얼마나 큰 것인가를 보여주는 단적인 사례이다.

자녀들에게 칭찬을 많이 해 주어야 한다.

올바른 칭찬은 사람의 능력을 무한하게 확장시키는데 결정적인 계기가 된다.

인간은 누구나 자기를 알아줄 떼 힘이 솟는다.

특히 어머니의 칭찬은 태풍과도 같은 힘을 발휘한다.

칭찬을 받고 자란 자녀들은 어떤 험난한 세상 속에서도 살아갈 수 있는 잠재력이 내재되어 있다.

05.
시어머니의 가슴에 꽃을

건강한 가정이 되려면 가족끼리 서로 상대방의 장점을 칭찬하는 데 인색하지 말아야 한다.

가족들끼리 칭찬할 줄 모르는 가정이 하는 변명은 '어디 칭찬할 게 있어야 칭찬하지!'라는 것이다.

하느님의 모양대로 창조된 사람에게 칭찬할 것이 없다는 것이 말이 되는가. 칭찬할 것이 없는 것이 아니라 그 사람의 장점을 보지 못하는 자기 눈에 더 큰 문제가 있는 것이다.

우리 가정에서 가장 가까우면서도 어려운 사이가 고부(姑婦) 관계이다. 서양 속담에도 "시어머니와 며느리는 비바람과 우박이다.(Mother-in-low, and daughter-in-low, storm and hail)"라는 말이 있다.

하나가 비바람이고 하나는 우박이니 서로 어지간할 것이다.

그러나 결혼은 하늘이 정해준 것이고 거기에서 시어머니와 며느

리가 만나게 되는 것은 정한 이치이다.

인간은 태어나면서 한 가정의 가족구성원으로서 어떻게 살아가야 하는가를 배운다. 부모로서, 자식으로서, 고부간으로서 어떻게 살아가야 하는가를 배우면서 살아간다. 가족들로부터 사랑받지 못하는 여성이 다른 사람들로부터 사랑 받을 리 만무하다.

또 하나의 문학 동인들이『새로 쓰는 결혼 이야기』라는 책을 펴냈다. 거기에 건강한 '부부12조건'이 있는데 그 중 하나가 '양가부모를 똑같이 대하여야 한다.'는 것이다.

시어머니는 사랑하는 남편의 어머니다.

96년 5월 가정의 달을 맞아 충남 보령시는 봄의 신록이 만개한 성주면 화장골 계곡에서 관내 고부 75쌍을 초청하여 몇 가지 행사를 가졌다.

먼저 며느리가 시어머님의 노고를 칭찬 드리며 시어머니의 가슴에 꽃을 꽂아 드렸다. 이어 시어머니가 그 동안 차마 말하지 못하고 가슴에 묻어 두었던 이야기들을 털어놓는 시간을 가졌다.

한 시어머니는 자식부부가 함께 외출하면서 빈손으로 돌아왔을 때 눈물이 핑 돌더라 며 정말로 눈시울을 적셨고, 며느리는 딸에게 피자를 사줬을 때 '밥이 최고'라고 나무라는 시어머니를 보고 세대 차이를 느꼈다고 말하였다.

그 날 시어머니는 며느리를, 며느리는 시어머니를 칭찬하느라 시간가는 줄 몰랐다고 한다.

이상헌씨는『행복한 가정 만들기』에서 이런 이야기를 하고 있다.

세종호텔에서 꽃을 담당하고 있는 사람은 김효선 씨다.
　그는 대학을 다닐 때부터 꽃꽂이를 배웠고 졸업을 하고 나서 이 호텔의 꽃 장식을 맡게 되었다. 얼마 전 결혼을 하고도 그는 이 일을 계속하고 있는데, 친구들을 만나면 시어머니 칭찬에 정신이 없다.
　일반적으로 기혼여성들이 시어머니 험담에 열을 올리는 데 반해 김효선 씨는 오히려 시어머니 칭찬에 열을 올리곤 한다.
　"어느 날 출근을 하려고 집을 나왔는데 갑자기 비가 오지 않겠어. 그런데 시어머니께서 우산을 가지고 정류장까지 뛰어 나오셨지 뭐야!" 라고 시어머니를 칭찬한다.
　그런 김효선 씨를 바라보는 모든 이는 부러움에 가득찬 시선들이었다.
　'경로효친(敬老孝親)'이라는 말은 노인을 공경하고 어버이에게 효도하라는 뜻이다.
　그러나 요즈음 신문, TV를 보면 경로효친의 정신과는 너무 거리가 먼 이야기들이 지면을 차지하고 있어 안타깝기 짝이 없다.

　여론조사 전문기관인 미디어리서치는 지난 96년 6월 만20세 이상 된 남녀 1천명에게 전화조사를 실시한 결과, 국민 92.2%는 아직까지 효(孝)가 우리사회에서 가장 중요하게 지켜져야 할 덕목으로 꼽았다.
　응답자들은 효 문화의 확산을 위해 가장 필요한 것으로

- 가족중심의 공동체 문화 형성 (32.8%)
- 노후복지제도의 강화 (27.6%)
- 교육을 통한 경로사상의 확산 (24.7%)

- 노부모 봉양가족에 대한 세제상 혜택 (6.5%)
- 효도법 제정, 효도세 신설 (3.4%)등을 제시했다.

이제 칭찬을 통한 효 문화를 새롭게 정립해야 한다.
며느리들은 시어머니를 연구해야 한다.
왜냐하면 머지않아 자기도 시어머니가 되기 때문이다.
달이 차면 기울 듯 나이가 들면 시어머니가 되고 늙게 마련이다.
김민희 씨는 『고부일기』에서 이런 이야기를 하고 있다.

며느리들이 모이면 시어머니 흉을 보고 시어머니들이 모이면 며느리 흉을 보게 마련이다. 그렇지만 우리 어머니만은 거기서 저만큼 비켜나 있다. 어머니는 말을 많이 하는 편도 아니지만 몇 마디 해도 묘하게 하신다.
"우리 며느리는 다른 건 몰라도 제 남편한테는 엄청히 상냥하게 한다."
또 어머니는 터무니없는 과장의 말을 잘 하신다.
"내가 방에서 '아이고! 아이고!' 소리를 내면 며느리가 달려와서 팔다리를 주물러 주거든!"
그는 또 책에서 이런 이야기도 했다.

23년의 세월이 흐르고 나니 서로 포기할 것은 포기하고 좋은 점만을 보려고 애를 쓰는 것 같다.
며느리들은 우리 시어머니의 '장점'은 무엇인가? 를 찾아야 한다.
어떻게 해야 시어머니가 편하고 자연스러운가, 시어머니가 원하시는 것은 무엇인가를 연구하고 그대로 행한다면 그 둘의 관계는 만사형통이 될 수 있다.

    시어머니의 장점을 찾는 노력을 하게 되면 적극적이고 낙천적인 성격으로 바꿔지고 감사할 줄 알며 하루하루가 즐겁게 된다.

    어버이의 허물은 잊고 그 아름다운 덕은 공경해야 한다.
    분명히 너에게서 나온 것은 너에게로 돌아간다.
    자기에게서 좋은 행동이 나왔으면 좋은 것으로 보답이 갈 것이고 나쁜 것이 나왔으면 나쁜 것으로 응답이 가는 것은 인생의 철칙이다.
    며느리들은 시어머니를 칭찬하여 가정에 효와 행복을 가져오고 늙은 후에 나도 아들 며느리로부터 황홀한 칭찬을 받아보자.

06.
밥 잘 먹는 며느리

세상에서 가장 어려운 것이 인간관계다.

남편과 아내도, 부모와 자식, 시어머니와 며느리 사이도 모두 쉽지 않은 인간관계다.

가정의 화목은 가족에게 최고의 선물이다.

이런 화목하고 행복한 가정을 만들 의무는 가족 구성원 모두에게 있다. 한 사람이 화목한 가정을 만들려고 아무리 애를 쓴다 해도 다른 사람이 이에 동참하지 않는 다면 화목한 가정은 이루어질 수 없다. 그렇다면 어떤 가정이 행복할까?

사티르에 의하면 가정이란 "사랑-보살핌-위로-책임"이라는 '끈으로 연결된 작은 체제'라 하였다.

행복한 가정은 이 끈의 관계를 잘 이해하고 소중히 지키려고 할 것이다.

가정 속에서 가족이 상호간에 애정과 경의를 지니고 있다면 항상 서로를 신뢰하며 살아갈 수 있다. 가족이라는 것도 하나의 조직이며 개개인이 미묘한 밸런스를 지니고 있어서 서로 간에 영향을 미치게 된다.

우리가 다른 사람과 협조하여 좋은 사회생활을 영위해 나가기 위해서는 다른 사람을 마음으로부터 칭찬하는 것이 중요하다. 우리들은 자기만 생각하고 다른 사람의 일은 충분히 생각하지 않기 때문에 다른 사람에 대한 칭찬 또한 인색할 수밖에 없다.

스위스에 전해 내려오는 이야기다.
하느님은 6일째 되어 스위스와 그 산들과 초원, 암소를 창조하셨다.
그리고 "뭔가 다른 필요한 것은 없느냐?" 고 물으셨다.
"우유가 많이 나오게 해 주십시오!"
"알겠다."하고 하느님이 책임을 떠맡으셨다.
얼마 후 하느님이 스위스를 지나시다가,
"너희 나라의 우유는 맛이 있느냐?"고 물으셨다.
"아주 맛있습니다. 천하일품입니다. 우선 드셔 보십시오."
하느님은 한 잔의 우유를 맛보시고,
"이거 참 훌륭하군. 나무랄 데가 없어!" 라고 칭찬하시고,
"또 소원이 있느냐?" 고 물으셨다.
"있습니다. 지금 드신 우유 값으로 1프랑을 주셨으면 합니다."
하고 스위스가 대답했다.
하느님도 훌륭한 우유를 칭찬하신 것이다.
비록 1프랑을 내셔야 했지만.

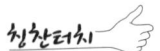

예로부터 가정 속의 인간관계 중 시어머니와 며느리 사이는 몹시 악화된 관계로 회자(膾炙)되어 왔는데 이 어려운 관계를 잘 묘사하고 있는 이야기가 있다.

그러나 며느리를 좋지 않게 여기고 있는 어느 시어머니가 영감인 시아버지에게 우리 며느리는 늘 '밥만 먹는 며느리'라고 흉을 보았다.

평소 시어머니와는 달리 며느리를 사랑하고 아끼던 시아버지는 도대체 며느리가 밥을 어떻게 먹기에 그러느냐고 물으니까 시어머니 하는 말이, "며느리 저 X는 아침 먹고 나서 금방 점심 먹고, 점심 먹고 나서 또 금방 저녁을 먹는다."라고 하더란다.

하도 기가 막힌 영감이 다시 "그러면 당신이 낳은 딸은 밥을 어떻게 먹느냐?"고 하자 시어머니는 "우리 딸은 아침 먹고 한참 있다가 점심 먹고, 점심 먹고 또 한참 있다가 저녁을 먹는다."고 대답하였다.

똑 같은 사물을 보고도 어떻게 마음먹느냐에 따라서 서로 다른 결과가 나온다.

시어머니는 며느리를 연구해야 한다.

나의 딸은 다른 집의 며느리가 아닌가!

나도 옛날에는 며느리 시절이 있었으며, 사랑하는 내 아들의 한 평생 반려자가 아닌가!

그래서 며느리도 나의 딸이나 마찬가지다.

현대를 살아가는 젊은 며느리들은 가정생활에서 칭찬에는 인색하면서 항상 군림만 하려고 하는 시어머니를 꼭 모시고 살아야 하는가? 에 대해 의문을 갖는다.

　부부중심의 수평적 핵가족을 그리워하는 며느리와 부(모)자 중심의 수직적 대가족을 그리워하는 부모세대의 희망이 교차하고 있다는 것을 시어머니는 알아야 한다.

　고부일기 시어머니 편을 쓴 천정순 여사는 『붕어빵은 왜 사왔니?』에서 며느리를 이렇게 칭찬하고 있다.

　'맛있는 밥 짓는 법' 이라는 칼럼을 쓴지 10년이 지난 요즘에 와서야 며느리는 제법 맛있는 밥을 짓는다. 그러니 사람은 다 때가 되어야 익는 법이지. 가르친다고 되는 것은 아닌 것 같다.

　또 며느리가 제 친구를 바래다주고 돌아오더니 기분 좋은 말 한 마디를 했다.

　"제 친구가요, 어머님 존경한대요."

　"왜?"

　"칠 남매 낳아서 잘 기르셨다고요."

　"그래? 그 친구도 너 닮아서 말 잘하는 구나!"

　"어머! 제가 말 잘해요?"

　"그럼! 흙에서 수분을 빼면 사막이 되듯이 너 한 테서 말 빼면 팩 쓰러질 걸?"

　"하하."

　시어머니와 며느리 사이가 이 정도만 된다면 서로 때문에 스트레스 받을 일은 없을 것이다.

　시어머니는 며느리를 칭찬해야 한다.

며느리가 담근 김치가 밥상에 올라오면

"애야! 김치 참 맛있다."

"네 음식 솜씨가 예전보다 훨씬 좋아졌다."라고 해주어야 한다.

"된장국이 상금하구나!"

"네 옷이 참 잘 어울리는구나!"

"네 머리스타일이 멋쟁이 스타일이구나!"

"네 구두가 네 발하고 잘 어울리는 구나!"

"방안 청소하느라고 힘들었겠다!" 등등 계속해서 칭찬해야 한다.

며느리가 작은 용돈이라도 주거든 손을 잡고

"애야! 너도 힘들 텐데! 고맙다! 잘 쓰겠다."라고 해야 한다.

그러면 아침밥상이 풍성해지고 며느리의 얼굴이 달라진다.

며느리의 얼굴이 달라지면 가정에 평화의 비둘기가 날아든다.

칭찬의 원리는 가정에서부터 먼저 시작해야 한다.

가정만큼 그것이 필요한 곳도 없고, 가정만큼 그것을 잊고 있는 곳도 없다.

어떠한 며느리에게도 반드시 장점은 있게 마련이다.

적어도 내 아들이 그것을 인정했기에 며느리와 결혼하지 않았겠는가. 그런데 오늘날 우리 시어머니는 며느리의 장점에 칭찬을 보내지 않은지가 벌서 얼마나 되었는가?

오늘 이 시간부터 시어머니는 며느리를 칭찬해야 한다.

'밥만 먹는 며느리' 라고 하지 말고 '우리 며느리는 밥도 잘 먹고, 일도 잘한다.'고 말해야한다.

가정에서 칭찬의 말 10가지

01. 사랑해
02. 고맙구나, 감사합니다.
03. 훌륭해, 감탄했어
04. 당신은 일류 요리사
05. 당신 생각이 옳아요
06. 멋쟁이야
07. 고생했어요
08. 우리집의 기둥이야
09. 너를 믿는다
10. 좋은 재능을 가지고 있구나

제7장
학교에서의 칭찬

"성격에 대한 직접적인 칭찬은
직사광선과 같아서 불편하고 눈을 감게 한다.
청소년에게 '참 관대하고 겸손하구나!'
하고 칭찬하면 그는 그것을 부정하고 싶어한다.
그 칭찬 중 한 개라도
더럽혀져야 할 것 같이 여기는 것이다."

01.
피그말리온 효과

인간의 성장환경은 사람들의 노력여하에 따라 얼마든지 바꿀 수 있다. 협동조합 운동가로 어린이 교육에 힘쓴 오웬(R.Owen)은 "사람은 환경의 산물이다. 그래서 환경을 바꿔주면 사람도 바꿀 수 있는데 환경을 바꿔주는 것은 교육이다." 라고 했다.

지적으로 자극을 줄 수 있는 가정 분위기, 선생님의 칭찬과 격려, 그리고 시각적 청각적 자극들을 줌으로써 아이들의 상상력과 창조력을 얼마든지 키워 줄 수 있다.

『탈무드』는 '남보다 뛰어난 사람은 두 종류의 교육을 받는다.'고 하였는데 하나는 '선생님으로부터 받은 교육'이고 또 하나는 '자기 자신에게서 받은 것이다.'고 하였다.

선생님의 교육은 뛰어난 사람을 만들 수 있다.
'하나를 가르칠 때 일곱 가지를 칭찬하고 세 가지를 꾸짖어 착한

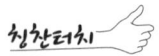

아이를 만든다.'라는 말이 있는 것을 봐서 교육에서 칭찬의 중요성은 매우 크다.

이 말은 학생교육에서 야단치기보다는 기대와 칭찬을 더 많이 하라는 뜻이다.

학습에서 동기는 필수적인 요건이며 강화에 있어서도 필요한 것이다. 여기에서 강화라 함은 보수 혹은 벌을 말하는 것이다.

학생들은 선생님이 칭찬하는 것, 사장이 사원에게 잘 했다고 칭찬해 주는 것은 보수가 된다.

교육의 본질은 선생님과 학생간의 상호작용에 의해 이루어진다고 볼 수 있다. 또한 교육은 선생님과 학생 간에 오가는 진솔한 사랑의 실천을 통해서만 성과를 얻을 수 있다.

그런 측면에서 바라보았을 때 학생에 대한 선생님의 사랑의 실천방법 중 가장 중요한 것이 바로 학생의 장점을 찾아 칭찬해 주는 것이다.

심리학자 로젠탈(T.L Rosenthal)은 어린 학생들을 대상으로 다음과 같은 실험을 했다고 한다.

어느 초등학교에서 선생님에게 "어린이 지능향상을 예측할 수 있는 새로운 테스트 입니다.(사실은 거짓말)"라고 설명을 해놓고 검사를 실시했다.

그 후 20% 정도의 아이를 뽑아 놓고 "이 애들은 앞으로 지적 발달이나 학업이 틀림없이 급상승 할 것입니다."라고 선생님에게 결과보고를 해 주었다.

그런 암시 후 8개월이 지난 다음 과거에 했던 것과 똑 같은 지능

테스트를 하여 지난번의 지능테스트 결과와 비교해 보았다.

  그랬더니 앞으로 잘 할 것이라는 기대를 품게 했던 아이들은 지능이 다른 아이들의 지능에 비하여 현저하게 향상되었다는 것이다.

  이러한 현상을 심리학에서는 피그말리온의 이름을 따서 '피그말리온 효과(Pygmalion effect)'라고 한다.

  피그말리온 효과는 선생님이 20%의 아이들을 지적 발달과 학업 성적이 향상되리라는 기대를 가지고 정성껏 돌보고 칭찬한 결과 나타난 것이다. 그러한 사랑을 받은 아이들은 선생님이 자신에게 관심을 보여주니까 공부하는 태도도 변하고 공부에 대한 관심도 높아져, 결국 능력까지 변하게 된 것이다.

  이 결과로 '칭찬하면 칭찬한 만큼 잘한다.'는 것을 알 수 있다.

  로버트 콩클린의 『설득력을 기르는 법』에서 칭찬이 학생들에게 미치는 영향에 대한 실험이 실행되었다.

  우선 학생들은 세 그룹으로 나누었다.

  첫 번째 그룹은 무슨 일이 있을 때마다 격려와 칭찬의 말을 듣게 되었다. 두 번째 그룹은 사실상 무시당했다. 그리고 세 번째 그룹은 주로 비판뿐이고 그 이외의 말은 일체 주어지지 않았던 것이다.

  그 결과, 무시당한 그룹의 진보가 가장 적고, 다음에는 비판만 당한 그룹은 아주 약간의 진보를 나타냈다. 그리고 칭찬을 들었던 그룹의 진보는 괄목할 만한 것이었다고 한다.

  한국어린이보호회 대전지부장으로 있는 심미영 선생님은 '칭찬

이 학생에 미치는 영향'에 대하여 이렇게 쓰고 있다.

초등학교 시절 하위권을 맴돌던 학생은 받아쓰기와 셈하기에 유난히 커다란 거부감을 느꼈고 그 분야에서 0점을 기록하였다. 특히 받아쓰기 시험은 언제나 그 학생을 얼어붙게 했고, 그 여파는 중학교에 입학해서 영어 단어 시험에서도 나타났다.

한 과목에서의 위축은 다른 과목까지 망쳤고 성적은 엉망이었다. 그런 학습 부진아를 우등생이 되기까지 도와주시고 고생하신 분이 있었다.

담임선생님은 문제가 많은 그 학생에게 공부가 왜 싫은지 물어봐 주셨고 어디에 문제가 있었는지 학습점검을 하여 주셨으며 집에까지 전화를 하는 관심을 보이셨다. 그리고 성적이 조금씩 오를 때마다 많은 칭찬과 격려를 아끼지 않으셨다.

이처럼 정성어린 사랑과 적절한 칭찬은 학교에서 뒤처지는 열등생을 우등생으로 만들 수 있는 힘을 가지고 있었다는 것이다.

선생님의 기대와 관심이 학생의 성적을 좌우한다.

선생님은 잠재력이 있다고 기대되는 학생들에게 관심을 많이 기울이고, 잘못을 했을 때도 잠재력을 믿기 때문에 격려를 아끼지 않아야 한다.

기대감을 통해 상대를 고무시키기 위해서는 우선 남들이 찾지 못하는 학생의 장점을 찾아내는 감수성을 가지고 있어야 한다.

당사자조차 미처 찾아내지 못했던 장점을 찾아내는 선생님이 있다면 학생들이 그 선생님을 좋아하지 않을 까닭이 없다.

'피그말리온 효과'가 나타나려면 무엇보다도 선생님의 진지한 관심과 애정 및 학생에 대한 존중감이 실린 칭찬과 기대가 전달되어야 한다.

그리고 선생님은 학생들에게 칭찬을 통하여 학교생활의 즐거움과 기대감을 심어주도록 해야 한다.

02.
꼴찌에게도 상을

교육은 인격 형성을 그 목적으로 하고 있다.

"사람은 태어날 때부터 알지는 못한다!(No man is born wise or learned)" 라는 말이 있는데 태어날 때부터 현명하고 학문을 갖춘 사람은 없다는 뜻으로 교육의 중요성을 말한 것이다.

정도전의 『신경국대전』에 "학교는 교화(敎化)의 근본이다. 이로써 인륜도덕(人倫道德)을 밝히고 인재를 양성한다."고 하였다.

어느 시대 어느 곳을 막론하고 학교의 중요성을 말하는 것은 똑같은 것 같다.

교육의 본질 중 중요한 한 가지는 선생님과 학생, 학생 서로간의 만남이라는 것이다.

유태인들은 자기 아버지보다도 교사가 더 중요하다고 말해 왔다. 만일 아버지와 선생님 두 사람이 감옥에 들어갔을 경우 한 사람만

빼낼 수 있다고 가정하면 아이는 선생님을 빼낼 것이다. 유태에서는 지식을 전달하는 선생님의 가치를 더 높이 평가했기 때문이다.

그래서 아버지와 선생님이 한 배를 타고 가다 물에 빠지면 아들은 선생님부터 구해야 한다고 가르치고 있는 것이다.

철학자 김형석 교수의 『꼴찌에게도 상장을』의 일부이다.
몇 년 전 미국 워싱턴 D.C에 살고 있는 큰딸의 집을 찾았다.
공항에 내려 보니 딸만이 마중 나와 있었다. 사위는 병원 근무시간이기 때문에 자리를 비울 수 없었고, 외손자 되는 진이는 학교 수업 중일 것 같았다. 차를 타고 집으로 돌아오면서 큰딸은 나에게 이야기를 하였다.

"진이가 머리가 나쁜 것도 아니고 공부도 제법 잘 하는 편인데 운동신경이 너무 둔하고 적극성이 없어서 걱정입니다. 운동은 언제나 꼴찌를 넘어서지 못합니다. 자기도 어차피 운동은 못하는 것으로 단념해 버린 모양입니다."하는 것이었다.

이야기를 들은 나는 조금은 아쉬웠으나 인간은 누구나 개성을 갖고 있으며 그 개성을 살려 가면 되지 않겠느냐는 위로와 권고를 해 주었다. 그러는 동안에 집에까지 도달했다.

온 가족이 저녁을 끝내고 이야기를 나누고 있을 때였다.
옆자리에 앉았던 진이가 학교 이야기를 하다가 "할아버지, 내가 학교에서 상장을 받은 것이 있는데 보여 줄까?"하는 것이었다.

"무슨 상장인데?"라고 물었더니 "학교에서 운동회 때 받은 상장이야!"라는 것이다.

칭찬러치

자기 엄마의 얘기를 들으면 운동은 아무것도 못한다고 하였는데 싶어 "어디 보자!"하고 가져오도록 했다. 내가 받아 본 상장의 내용은 생각 밖의 내용이었다. 말하자면 '제일 열심히 뛰었기 때문에 이 상장을 주었다.'는 것이었다.

나는 상장을 읽으면서 웃음을 금할 길이 없었다. 그렇다. 꼴찌를 했으니 누구보다도 더 열심히 뛰었음에는 틀림이 없다. 나는 진이에게 "그래, 제일 열심히 뛰었으니까, 상장을 받아야지!"라고 칭찬해 주었다.

미국사회는 꼴찌에게도 칭찬을 하지만 우리교육은 무슨 짓을 해서라도 첫째가 되어야 칭찬을 받고 자랑스러움을 느끼는 사회가 되어 버렸다. 모든 학생들에게 자신감과 기(氣)를 살려주어야 한다.

"너는 할 수 있다. 너의 장점은 ○○이다, 너는 착한 아이다."

와 같은 긍정적인 이미지를 심어주어야 한다. 그래서 기를 살려주며 학생 개개인에게 긍정적인 자기상을 심어 주는 것이 행동을 변화시키는 데 더 효과적이다.

그러나 우리는 보통 표와 같이 칭찬 같은 긍정적인 말 보다는 부정적인 말을 훨씬 더 많이 사용하여 기를 죽이고 있는 것이다.

'무용지용(無用之用)'이라는 말이 있는데 언뜻 보기에 도움이 되지 않을 것 같은 물건이 소중하게 쓰인다는 뜻이다.

학생들은 누구나 장점이 있고 키워주면 소중하게 쓰일 재능을 갖고 있다.

아이나 어른이다 "할 수 있어, 반드시 할 수 있어!"라는 칭찬의 말을 계속 듣게 되면 그것이 긍정적인 자기암시가 되어 생각하지도 않은 힘이 솟는다는 것이다.

그것이 자신감으로 이어지면 결국 큰 성공을 거둘 수 있다.

그렇게 때문에 꼴찌에게도 자신감과 기를 살려주는 칭찬을 많이 해야 한다.

03.
이 그림 누가 그런 것이지

　교육은 눈에 보이지 않는 투자이지만 투자 중에서는 가장 값지고 보람된 투자이다.
　교육은 학생의 숨어있는 잠재능력을 키워주고 이를 보호하는 일이라고도 할 수 있다. 그래서 이런 점에서 교육의 중요성은 아무리 강조해도 무리가 아니다.
　소크라테스의 수제자인 플라톤은 교육목적으로

- 사회 각 계급에 맞는 개인적인 능력과 자질을 발전시키는 데 있으며
- 덕과 시민으로서의 능률을 발전시키는 데 있다고 하였다.

　그런 면에서 볼 때 그의 교육목적은 개인의 행복과 국가평안의 양 방면에 있다고 할 수 있다.
　그는 '능률 있는 시민'의 양성은 심신이 조화된 선미(善美)한 인간이라는 이른 바 '개인적 완성'에 그치지 않고 '훌륭한 시민'이 갖

추어야 할 가치, 지혜, 봉사, 정치적 지도력의 자질을 지닐 때 비로소 완성된다고 하였다.

우리네 학교교육에서도 훌륭한 시민으로서 갖추어야 할 덕목이 첨삭되어야 할 것이다.

프랑스의 화가 밀레는 그의 나이 25살 때, 파리로 유학하여 공부하였다.

그 때 밀레는 들라로슈라는 유명한 그림선생님에게 공부하게 되었는데 그 선생님의 제자 대부분은 밀레에게 친절하지 않았고 밀레를 '시골뜨기, 시골뜨기'하면서 무시했다.

하지만 밀레가 그리는 그림은 모두 훌륭한 것들이었다.

어느 날, "야 아! 이 그림 누가 그린 것이지?" 하고 선생님이 물으셨다고 한다.

밀레는 "그건 제 그림입니다."라고 대답하였다.

"음, 자네 그림이었군. 이 그림은 우리 학교 학생들 가운데에서 제일 잘 그린 그림이야." 하고 선생님이 칭찬해주셨다.

밀레는 선생님의 그러한 칭찬에 힘입어 친구들이 노는 시간에도 열심히 그림을 그렸다.

그렇게 되자 그의 그림은 더욱더 좋아졌으며 불후의 명작을 남기게 되었다.

빅토르 마리 위고(Victor Marie Hugo)의 어린 시절은 부모님들의 비정상적인 생활로 인하여 방황의 연속이었다.

그러던 그가 13살 때 학교 백일장에서 오드(송가)한 편으로 우수

상을 받게 되는 행운을 잡았다.

그것을 계기로 그는 서사시, 희곡, 그리고 소설 등을 써냈으며 그 때마다 선생님들은 그를 '탁월한 소년'이라며 칭찬하여 주고 했다.

이에 힘입어 계속 노력한 결과 그는 명작『레미제라블(LesMiserables)』를 남겼다.

선생님의 칭찬이 명작을 탄생시키게 한 것이다.

교육은 훈시보다 재능에 대한 긍정적인 자기상을 심어주는 것이 중요하다.

학생들에게 '~하지 마라', '~해라'라는 말은 과연 얼마나 효과가 있을까?

대개의 부모나 선생님들은 즉각적인 효과를 기대하면서 학생들의 행동을 일일이 지시하고 가르쳐준다.

그러나 그러한 훈시조의 가르침보다는 아이들에게 긍정적인 자기상을 심어주는 것이 훨씬 더 효과적이다.

그러므로 선생님은 학생들에게 '~하지 마라', '~해라'와 같은 지시적 언어보다는 칭찬을 통한 잠재된 재능을 키우는데 더 주력해야 한다.

스미스(B.O.Smith)는 교수활동을 잘 수행할 수 있는 신생님의 자질을 다음과 같이 네 가지 영역으로 제시하였다.

- 학습과 인간행동에 관한 이론적 지식을 갖추어야 한다.
- 학습을 증진시키고 참다운 인간관계를 조성할 수 있는 태도를 지니고 있어야 한다.
- 가르치려고 하는 교과에 대한 충분한 지식을 갖추어야 한다.

- 학생의 학습을 조장할 수 있는 교수기술(教授技術)을 지니고 있어야 한다는 것이다.

  학생들에게 선생님의 역할은 그 무엇보다도 중요하다.
  19세기 이탈리아 작가 G.루피니는 '선생님의 이상상'을 "선생님은 양초와 같아 몸소 태워서 학생을 계발(啓發)한다."고 했다.
  선생님의 칭찬과 정열은 그대로 학생에게 전해진다.
  양초는 불에 모두 타도 그 잔상은 언제까지나 제자의 가슴에 꺼지지 않고 남아있는 것이다.
  뉴욕대학교 심리학과 교수인 하임 G. 기너트는 '칭찬-새로운 접근'이라는 글에서 칭찬을 새롭게 접근하기 위한 좌우명으로 여섯 가지를 제시하고 있다.

- 평가하지 말고 다만 묘사하라.
- 사건 자체를 다루라.
- 성품을 칭찬하지 말라.
- 느낌을 묘사하라.
- 성격을 평가하지 말라.
- 성취한 것에 대한 현실적인 묘사를 하고 사람을 칭찬하지 말라.

  그리고 그는 "성격에 대한 직접적인 칭찬은 직사광선과 같아서 불편하고 눈을 감게 한다. 학생들에게 훌륭하고 관대하고 겸손하다고 칭찬하면 듣기 거북해 한다. 그들은 그것을 부정하고 싶어 한다. 그 칭찬 중 어느 한 개라도 더럽혀야만 할 것 같이 여겨지는 것이다. 그러한 칭찬을 공개적으로 받아야 한다는 것은 남 앞에 부끄러운 일이다. 이런 식이 되기 때문이다." 라고 했다.

정말 칭찬에 대한 새로운 접근방식이다.

반의 학생 하나하나는 각기 장점을 갖고 있다.

만약 어떤 학생의 장점이 발견되지 않는다면 아직 그 학생을 충분히 사랑하지 않고 있다는 증거일 수도 있다.

또한 학생들은 선생님으로부터 어떤 내용의 칭찬을 들었느냐가 중요한 것이 아니라, 어떤 말투의 칭찬을 들었느냐가 중요하다.

뉘앙스란 결국 느낌이기 때문이다.

느낌은 중요한 것이며, 학생들은 느낌에 민감하다.

사람의 말투는 그 사람의 마음을 나타낸다.

마음속에 불만이나 울분이 있으면 그것이 얼굴표정과 말투로 곧 표출된다.

마음이 온화하면 말도 자연히 부드러워진다.

선생님은 학생들에게 온화한 마음으로 내면에 숨겨진 장점을 발견하고 그것을 칭찬하여 능력과 자질을 개발시켜 주어야 한다.

04.
칭찬으로 크는 나무들

"칭찬을 한 사람의 주검은 장의사까지도 슬퍼한다."는 말이 있다.

칭찬이 사람의 운명을 바꾸고 국가의 운명까지 바꾼 예는 많다.

독일이 1차 대전에서 패할 때 황제인 카이젤(Kaiser)이 세계인의 미움을 산 것은 물론, 자국민으로부터 생명의 위협까지 받고 있을 때였다.

한 소년이, "누가 뭐라고 하던 나는 폐하를 언제까지나 황제로서 존경합니다."라는 편지를 보냈다. 크게 감동한 황제는 그 소년을 꼭 만나고 싶다고 회답을 했다. 소년은 어머니와 함께 찾아 갔다. 얼마 후 황제는 그의 어머니에게 청혼을 하고 결혼까지 하기에 이르렀다.

이 모두가 칭찬의 마술이다.

가장 좋은 스승은 제자에게 자신이 가진 지식을 아낌없이 주는 선생님이며 교육은 기계를 만드는 것이 아니라 사람다운 사람을 만드는 데 있다.

사람다운 사람은 어떻게 만들 것인가?

김형태 교수는 『자녀 지도에 있어서의 칭찬과 꾸중』이란 글에서 "행동주의 심리학에서 응용된 행동 수정원리의 대표적인 것이 칭찬과 꾸중을 통한 강화이다. 누구든지 자기의 행위에 대해 권위 있는 사람이나 연장자, 그리고 부모와 선생님에게 평가받기를 원한다.

평가 결과가 기쁘고 긍정적이면 그 원인 행동은 점점 강화되어 가고, 부정적이거나 불쾌하면 점점 소멸되어 간다. 그리하여 한 사회가 선호하는 가치 규범이나 모범 행동 쪽으로 수정, 보완되어 간다. 그런데 최근에 이러한 칭찬과 꾸중이 제대로 시행되지 못하고 있어 걱정이다."

그런 의미에서 이제는 새로운 시각으로 칭찬을 접근해야 한다고 했다.

김경혜 선생님은 교단일기로 『칭찬으로 크는 나무들』이라는 글을 썼다.

"어마! 이걸 어째, 누가 이랬니?"

하얗게 질려 어쩔 줄 몰라 하며 목소릴 높이는 나를 보고 어린 천사들은 모두 고개만 젓고 있었다.

그 날은 장학지도가 있는 날이었다.

그 무렵에는 장학시찰이라 했고 장학사님이 오시는 날에는 학교의 온 식구가 바빴다.

유리창을 닦고 교문 밖 큰길까지 쓸며 야단법석을 떨었고 교장 선생님의 헛기침 소리도 바빴던 아침 활동시간.

　내가 맡은 1학년 교실 외에 도서실을 다시 한 번 점검하려고 다녀온 사이, 바닥을 닦았던 손걸레로 복도 쪽 유리창을 문질러서 유리창은 뿌옇다 못해 온통 깜깜하게 흙탕 칠해 놓았으니 하얗게 질릴 수밖에. 나의 호통에 어린 천사들은 맑은 눈에 겁을 담고 의아해하며 쳐다보고만 있었다.

　"선생님, 우린 잘하려고 그랬어요. 왜 칭찬 대신 화를 내시지요?" 그들의 눈은 그렇게 말하고 있었다.

　옆 반 언니들이 유리창을 닦는 것을 보고 '저희들도 손님 맞을 준비를 한답시고 전날 오후에 6학년 언니들이 말끔히 닦아놓은 유리창을 또 한 번 닦았을 테지' 하는 생각이 들자 돕겠다는 아름다운 발상이 기특하고 고마워 웃으면서

　"잘했다. 선생님 도우려 그랬지? 고맙구나. 누가 닦았지?" 했더니 모두의 손이 높이 올라갔다.

　"저요! 저요!"

　우린 한참이나 마주 웃었다. 금방 안했다고 시치미를 떼더니 칭찬은 좋아서 모두 제가 했다는 순진함이 귀여워 웃고, 선생님이 웃으니까 그냥 좋아서 따라 웃고 '역시 학생은 칭찬으로 크는구나!' 칭찬은 교육의 영양소인 것이다.

　서울 금천구 시흥동 신흥초등학교 교장실은 항상 학생들에게 열려 있다고 한다. 한 권의 일기장을 다 쓴 학생들이 담임선생님이 써준 칭찬카드를 부모님께 보여드린 후 황찬원 교장선생님에게서 새 일기장을 받아 가려고 드나들기 때문이다.

칭찬터치

황 교장선생님은 일기쓰기는 인성교육에 있어 가장 효과적이라며 특히 사랑의 일기에는 인사하기, 질서 지키기, 환경보호, 고운 말 사용 등의 항목이 있어 어린이들의 사회성을 키우는데 매우 효과적이라고 말했다.

연구부장 서기연 선생님은 교장선생님이 직접 칭찬해 주고 교사들도 일기 뒤에 짧은 메모를 써 넣어 관심을 보여주자 학생들의 일기 쓰는 분위기가 자연스럽게 정착됐다고 말했다. 설문조사 결과 학부모의 59.2%가 일기쓰기가 아동의 인성교육에 도움이 된다고 했고, 24.6%가 매우 도움이 된다고 응답해 전체의 83.8%가 긍정적 반응을 보였다. 학생들도 일기를 써서 좋은 좀으로 생활을 반성할 수 있다(66.4%)를 꼽았다.

칭찬을 교육에 적절히 활용하고 있는 아주 좋은 사례이다.
세키네 마사아키(Sekine Masaaki)는 선생님이 학생들을 칭찬할 때는 거리를 두어야 한다고 말하면서 그 방법으로 편지, 전화, 제3자를 통한 칭찬의 세 가지를 제시하고 있다.

①. 먼저 편지로 칭찬한다.
선생님이 학생들의 태도나 행동이 훌륭하다고 느끼고 그것을 말로써 칭찬하는 것은 자연스럽고 순수한 행동이다. 학생들은 "그림을 잘 그리는구나, 글을 정말 감정이 풍부하게 읽는 구나, 음악을 잘 아는구나!"하는 이야기를 들으면, 선생님의 인정을 받았다고 생각하고 기뻐한다.
게다가 선생님이 그런 마음을 편지를 통해서 학생들에게 보내면 더욱 의미가 깊어진다.

②. 다음은 전화로 칭찬한다.

얼굴을 마주보고 할 수 없는 이야기는 전화를 이용한다. 학생들은 칭찬하고 싶어도 겸연쩍어서 못 할 때가 있다. 칭찬을 듣는 학생도 기쁜 표정을 지으면 친구들이 시샘을 살까 봐 그러는지 겸연쩍어하는 일이 많다. 개중에는 오히려 입을 삐죽 내밀고 화가 난 듯한 표정을 짓는 학생도 있다. 그럴 때는 전화로 칭찬하는 것이 효과적이다.

③. 마지막으로는 제3자를 통해서 간접적으로 칭찬한다.

선생님에게 직접 칭찬받아도 기분 좋은 일이지만 친구로부터 "야, 선생님이 네 칭찬 많이 하시더라!" 하는 말을 들으면 하늘을 날 듯 한 기쁨을 맛보게 된다.

선생님에게 직접 칭찬을 들으면 쓸데없는 억측이 발동하는 경우도 있다. 그래서 '저 선생님이 비행기 태워놓고도 뭘 시키려고 저러시나!' 하고 생각하기 쉽다.

그러나 자기에게 직접 말하지 않고 친구에게 자신을 칭찬했다는 말을 들으면 억측을 할 여지가 없어진다.

그래서 "선생님이 뭐라고 하셨는데?" 하면서 관심을 보이며 좋아하게 된다는 것이다.

교수 – 학습활동에서 선생님과 학생은 '열린마음'을 지녀야 올바른 교육방법을 취할 수 있다.

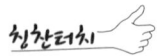

‘열린 마음’이란 새로운 관념과 사상에 대하여 자신의 주체의식을 가지고 선택하여 받아들이는 태도를 의미한다. 그런 ‘열린 마음’은 이런 행동 혹은 저런 행동의 방법에 대한 결과를 결정하는데 도움을 줄 수 있고, 또 명료하게 밝혀야 할 필요가 있는 상황에서 그 해결책을 제공할 수 있도록 모든 생각을 마음에 접근시키는 것이다.

‘나를 높이고 싶다.’ ‘인정받고 싶다.’라고 하는 욕구는 남녀학생의 구별이 없는 인간다운 욕구이다.

학생들에게 칭찬을 통하여 열린 마음을 지니게 해야 한다.

05.
졸업생 가슴마다 상장을

"나무는 어릴 때 휘어잡아야 한다.(The tree must be bent while it is young)"는 말이 있는데, 이것은 인간의 습관이나 성질을 고치려면 어릴 때 교육을 잘 해야 효과적이라는 뜻이다.

교육하고 배우는 목적은 인간다운 생활을 보내려는데 있다.

한 인간으로 매력을 증가시키는데 있는 것이다.

인간의 생활에는 무엇이 좋고 무엇이 나쁜가 하는 가치 판단의 기준이 있지 않으면 안 된다.

그래서 배운다.

맹자는 "아무리 총명하더라도 배우지 않으면 깨닫지 못한다.(事雖少 不作不成 子雖賢 不敎不明)"라고 하였는데 큰 기쁨은 큰 공부를 통해서만 얻어질 수 있는 것이다.

페스탈로치는 "교육은 대중을 위한 자연적 관리이며 아무리 천한 어린이라 할지라도 교육이 주어지지 않으면 안 된다."고 하였다.

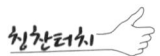

또한 그는 교육의 자질을 말하되 내부적 발전을 조장하는 것이며, 사람이 사람에게 할 수 있는 최상의 것은 그 사람의 목적을 도와주는 것이라고 하였다.

그의 교육목적은 이러한 그의 교육자본관에 입각하여 사람이 선천적으로 가지고 있는 능력, 심정, 기능(사고, 감정, 행위)의 세 가지에서 심정을 우위로 두면서 조화적으로 발전시키는 것이었다.
인간은 누구나 빛과 그림자의 두 면을 가지고 있다.
착한 사람에게도 그림자가 있고, 아무리 악한 사람에게도 빛이 있다. 그러므로 그림자가 있다고 해서 부끄러워할 필요가 없다. 그림자의 부분을 밝게 하면 되는 것이다.
선생님은 학생의 그림자 부분을 칭찬을 통하여 밝게 해줄 수 있다. 이상이 없는 교육은 미래가 없는 현재와 같은데 선생님은 학생들에게 이상을 심어 줄 수 있다.

충남 논산 두마초등학교 이운영 교장선생님은 36년간 교단에서 특별한 방법으로 교육을 해왔다.
"누구에게나 자질을 발견하여 그것을 키워주는 것이 필요합니다. 그래서 '성취상' 제도를 실시하고 있습니다. 공부에만 우등상을 주는 것이 아니라, 체육·서예·그림·독후감 등 능력평가 영역을 세분화하여 일정 수준에 도달하는 아동에게도 상을 줍니다. 이렇게 하다 보니 전교생이 모두 상 하나씩은 받게 됩니다. 공부를 못 했다 해도 다른 것을 잘 하면 상을 받을 자격이 있는 것입니다."라고 이야기했다.

교장선생님은 학생들에게 '성취상'이라는 칭찬 제도를 통하여 학생 하나하나에게 이상을 심어주고 있는 것이다.

대전 대화초등학교는 96년부터 집안의 어른이 아이의 바른생활을 칭찬하고 격려하는 모든 어린이 부모님 상 받기 제도를 시행하고 있다.

공손한 인사상, 심부름상, 일기상, 자기주변 정리정돈상, 저축상, 식사예절상 등 15가지 덕목을 정해 학부모가 자녀의 생활태도에 관심을 갖고 지켜본 뒤 학부모가 표창장을 직접 작성해 학교에 제출한다.

이 학교 교장선생님은 어린이들이 저마다 특별한 인성과 재능을 갖고 있는데 이를 갈고 닦아 주는 것은 학교와 부모의 책임이기 때문에 이 제도를 시행하고 있다고 하였다.

교장선생님은 칭찬이 어떤 효과를 가져오는지 잘 알고 있었다.

또 다른 사례로 강원도 내 초등학교에서는 졸업생들에게 390여 종류의 각종 상을 시상한 것으로 밝혀졌다.

도교육청이 도내 417개 초등학교를 대상으로 95학년도 졸업생 시상 내역을 조사한 결과 모두 394종의 상이 주어졌다는 것이다. 조사대상 학교 중 92.5%인 395개 초등학교는 전원 시상제를 실시하여 졸업생 가슴마다 상장 하나씩을 주어 졸업하게 하고 있다. 특히 학교 자율로 사용하는 시상명칭 중에는 깔끔상, 단정상, 끈기상, 고운말상, 솜씨상, 스마일상 등 개인별 특기에 시상기준을 적용한 상도 상당수 포함되어 있다.

도교육청은 95년도부터 인성교육을 강화하는 차원에서 학교장 재량에 따라 시상하는 전원시상제를 권장해 오고 있다.

서울 봉은 초등학교 장길호 교장선생님은 오무오다(5無5多)로 유명하다.

책가방, 시험, 성적표, 우등상, 쓰레기통 등 다섯 가지를 없애버렸고 대신 책 읽기, 시 낭송, 동요 부르기, 나의 주장 발표하기, 통장 2개 갖기 등 다섯 가지를 권장하고 있다. 그 결과 각종 학력평가 성적이 오히려 상승한 것으로 밝혀졌다.

졸업식에서도 졸업생 330명에게 소질과 적성에 따라 스피치상, 자료분석상, 능력기능상, 인기스타상, 지구력상 등 260여 가지의 각종 상이 골고루 수여된다고 한다.

장길호 교장선생님은 칭찬을 통하여 학습 의욕을 유발시키고 있는 것이다.

교육의 비결은 학생을 존중하는 데 있다.

그래서 학생의 인격을 존중하고 학생의 입장에서 학생의 장점을 칭찬해야 한다. 학생에게 있어 칭찬은 노력의 대가인 것이다.

학생은 분명 칭찬받을 만한 일을 했거나 칭찬받을 만한 노력을 했다고 생각되는 것에 대해 선생님이 아무 말도 하지 않으면 실망한다.

학생에 대한 칭찬을 통하여 학생으로 하여금 열린 마음을 갖게 하고 학습의 자발성을 갖도록 해주는 건 분명 학교 선생님의 몫이다.

06.
한 번 스승은 영원한 스승

존 듀이(Jone Dewey)는 "교육은 생활이요, 성장"이라고 했으며 예부터 교육은 국가백년지대계(國家百年之大計)라고 하였다.
이러한 교육에서는 학생뿐 만 아니라 선생님이 항상 한가운데 있다.

선생님의 마음에서 우러나오는 칭찬이란 학생의 태도나 행동에 공감을 느끼거나 감동을 함으로써 어쩔 수 없이 칭찬하는 것을 뜻한다. 이것을 입에 발린 상투적인 칭찬과는 구별된다.

천문학자 조경철 박사는 옛날 은사님으로부터 받은 칭찬과 인정의 편지 한 통에 운명이 뒤바뀌었다고 한다.
그는 정치학을 지망하여 대학원에 입학했다. 그런데 대학교 1학년 때 천문학을 가르쳤던 교수님으로부터 편지를 받았다. 내용인 즉

기상대에서 보내는 국비장학생으로 조박사를 뽑았으니 미국 미시간 대학으로 가서 천문학을 공부하라는 것이었다.

또 조박사를 후계자로 생각하고 있으니 딴 맘먹지 말고 열심히 천문학을 공부하라고 하였다.

조박사는 자신을 지명해 주신 선생님에 대한 기대를 저버릴 수 없어 시작한 새로운 인생이 오늘의 그를 있게 했다고 믿는다.

일본 심리학자 다고아까라(多湖)는 '인간심리의 함정'에서 선생님으로부터 받은 칭찬에 관한 이런 이야기를 쓰고 있다.

사실 나는 중학생 시절에 형편없는 열등생(劣等生)이었다.

공부를 싫어했고 거짓말을 잘 해서 언제나 선생님에게 꾸지람만 들었다.

그런데 어느 날 나의 심한 장난이 또 한 번 들통 나 선생님께 불려가게 되었다. 선생님은 "또 못된 짓을 했구나!" 하고 처음에는 언제나처럼 꾸중을 하였으나 금방 묘한 말씀을 하시는 것이었다.

"장난은 나쁜 짓이다. 그런데 네가 하는 장난은 어딘가 모르게 볼 만한 데가 있어…, 다른 아이들을 흉내 내는 것이 아니라 독특한 점이 있거든. 그렇게 생각해 내는 힘을 공부하는 데에 살릴 수는 없겠냐?"

그 날부터 나의 태도는 조금씩 달라졌다. 그 때까지의 열등생이 독특한 장난에 대해서 칭찬을 들은 후로는 자신감을 갖게 되었고 학업성적도 눈에 띄게 향상되어 갔던 것이다.

선생님의 마음에서 우러나는 칭찬이 학생의 운명을 바꿔놓는 것이며, 선생님의 영향이 얼마나 큰 것인가를 보여주는 예이다.

학생들은 언제나 빛깔을 향한다.
식물이 빛을 향하듯 학생들은 늘 밝은 곳을 향하여 가려고 한다. 학생들이 밝은 곳을 갈 수 있도록 방향을 잡아주는 것은 선생님의 역할이다.

루터는 신학자요, 종교개혁가일 뿐만 아니라 교육자였으며 당시 신교주의 교육사상의 대표자였다.
루터의 교육사상을 보면 교직의 중요성과 고귀성을 강조하였는데 '선생님은 돈으로서 보상할 수 없는 것'이라며 선생님에 대한 찬사가 아주 절대적이었다.
그의 선생님 존경사상은 오늘날도 독일사회의 전통으로 계승되고 있다.

예부터 군사부일체(君師父一體)라고 해서 동양에서는 스승을 부모와 같은 격으로 모셔 온 것이 우리의 전통이다. 심지어 제자는 스승의 그림자조차도 감히 밟지 못하는 것이 우리 동양의 미덕이었다.
어쩌다가 근래에는 스승이 제자한테 얻어맞기도 하고, 또 얼마 전에는 제자가 스승의 넥타이까지 잡는 참으로 가슴 아픈 일도 일어나고 있다.
그러나 스승은 그 자체로서 거룩한 것이다.
스승의 은혜는 태산만큼이나 크다.
공자는 평소에 끔찍이 아끼던 안회(顔回)가 죽자 목 놓아 울었으

며 자로(子路)가 죽었을 때에는 식사까지 거르며 슬퍼했다고 한다.
그것이 스승이다.
그러므로 우리를 가르친 뛰어난 스승을 존경해야 한다.
그리고 우리의 인간적인 감정에 파고드는 스승에게는 무한한 고마움을 느껴야 한다.
선생님이 제자에게 뿌리는 따뜻한 마음씨야말로 사물을 키우는 데 나 학생의 마음에 있어서나 가장 중요한 요건이 된다.
우리는 종종 스승의 끝없는 제자 사랑을 보며 스승과 제자 사이에 뜨거운 애정이 흐르고 있음을 확인한다.
선생님을 학생들이 존경하는 것은 절대적인 규준(規準)이며 한번 스승은 영원한 스승인 것이다.
학생들은 영원한 스승에게 변함없는 존경과 감사를 드려야 마땅하다.

학교에서 칭찬의 말 10가지

01. 상대방을 인정하라
02. 칭찬과 꾸중은 동전의 양면과도 같다
03. 잘 살핀다
04. 말투를 조심하라
05. 표정으로 칭찬하라
06. 전화로 칭찬하라
07. 편지로 칭찬하라
08. 제3자를 통해서 칭찬하라
09. 주변을 칭찬하라
10. 상대방과 동반자가 되라

제 8 장
여성에 대한 칭찬

"글래드스톤 수상과 헤어질 때
저는 그 분이 영국에서 가장
현명한 분이라는 걸 느꼈어요.
그러나 디즈레일리 수상과 헤어질 때는
제가 영국에서 가장 현명한 여성이라는 걸
깨달았습니다."

01.
자아관여도

    칭찬은 용인술(用人術)로써, 친구를 만드는 수단으로서, 용서받는 수단으로서, 또 그 이상의 무한정한 힘을 발휘하는 기적의 수단이다. 인간관계를 변화시키는 세 가지 방법은

    ①. 먼저 상황을 변화시키거나
    ②. 다음으로 상대방을 변화시킨다.
    ③. 그리고 나서 당신 자신을 변화시키면 된다.

    영국 역사상 가장 위대한 정치가로 손꼽히는 디즈레일리(B. Disraeli)와 글래드스톤(W.E.Gladston)은 서로 치열한 정적(政績) 사이로 많은 일화를 남겼다.
    당대에 유명했던 사교계의 한 여성이 이런 말로 두 사람을 평하고 있다.
    "두 분 모두 저를 하루걸러 저녁에 초대한 적이 있습니다. 글래드스톤 수상과 헤어질 때, 나는 그 분이 영국에서 가장 현명한 분이라

는 걸 깨달았지요. 그런데 디즈레일리 수상과 헤어질 때는 내가 영국에서 가장 현명한 여성이라는 걸 깨달았습니다."

틀림없이 글래드스톤은 자기주장과 철학만을 늘어놓았을 것이고, 반대로 디즈레일리는 그 여자에 대한 칭찬도 아끼지 않았을 것이다. 바로 두 사람의 차이요, 디즈레일리의 인기가 늘 앞질렀던 이유일 것이다.

100년이 지난 오늘, 후세에 남은 기록만 보아도 디즈레일리가 아무래도 한 수 위인 것이 틀림없다.

내 철학이나 실력을 보이는 것보다는 상대를 칭찬해 주는 것이 상수(上數)요, 또 간단한 처세술임을 단적으로 증명하는 것이기도 하다.

"오늘 헤어스타일, 아주 근사한데, 이런 색깔의 옷, 나도 아주 좋아해. 요즈음 아주 예뻐졌는데!" 등의 칭찬을 받으면 여성들은 기뻐한다.

왜 여성은 이런 일로 칭찬을 받으면 기뻐할까?

아름답거나 또는 그 반대이거나 모든 여성들은 분위기에 약하다. 여성이 분위기에 약한 이유는 다음 사례에서 볼 수 있다.

- 여성은 남성보다 훨씬 섬세하다.
  외부로부터의 자극 즉, 말, 표정, 몸짓, 소리, 색깔들에 대한 감수성이 매우 높은 편이다.
  따라서 자극을 섬세하게 받아들여 미묘하게 갖가지 굴절과 음영을 지니고 반응을 나타낸다.

- 여성들의 판단방식은 논리적이라기보다 오히려 감정적, 정서적이다. 그래서 여성들은 이치나 도리로 해석하는 것이 아니라 느낌으로 받아들이는 경향이 많다.
- 여성의 심리 자체가 그렇다.
  여성들은 연애를 하게 되면 그 연애를 더욱더 아름답게 꾸미려고 하는 생각을 갖는다.
  가능하다면 자신이 소설이나 드라마 속의 주인공이 되었으면 하는 바램이 강하게 작용하는 것이다.

최광선 교수는 『그 마음이 알고 싶다』에서 '자아관여(自我關與)'라는 말을 설명하고 있다.

예를 들면, 사람이 중대한 가치가 있다고 보는 일이나 자아의 중핵과 관련된다고 보는 일일수록 자아관여도가 높다. 다른 사람을 설득한다든지 타이를 때 이 자아관여가 중요한 의미를 가진다고 한다.

자아관여도가 클수록 수용역(受容域)이 감소하고 거부역이 증대하므로, 자기의 입장을 공격하는 설득 커뮤니케이션에 대해서는 저항이 강하게 나타난다는 것이다.

많은 여성이 나는 매력적인가?, 나는 다른 삶으로부터 주목을 받고 있는가? 등에 대한 자아관여도가 높다. 다시 말해 이런 일에 강한 관심을 가지고 있다.

일반적으로 자아관여도가 높은 일로 칭찬을 받으면 자아관여도가 낮은 일로 칭찬을 받을 때보다 훨씬 기분이 좋아진다.

예를 들면 최신 유행 패션에 큰 관심을 가지고 있는 여성이 "복장에 대한 센스가 있다."라는 칭찬을 들으면 최고로 기분이 좋아지는 것이다. 반면에, 패션에 그다지 관심이 없는 여성에게 복장의 센스를 들어 칭찬한다고 해도 그녀의 기분을 기대만큼 좋게 할 수는 없다.

그 여성에게 자아관여도가 가장 높은 것을 들어 칭찬하지 않으면 칭찬도 별 의미가 없는 것이다.

자아관여 도는 사람에 따라 그 대상 및 정도에 따라 많은 차이가 난다. 즉 사람은 자기와 밀접한 관계가 있는 것에 더 많은 관심을 쏟는다. 특히 여성은 옷맵시, 헤어스타일처럼 여성다운 세련미와 관계되는 것에 자아관여도가 높고, 부부나 애인처럼 맺어진 상대에 대하여는 자아관여도가 더 없이 높은 것이다.

칭찬의 말은 여성의 자아를 자극할 수 있는 점으로 집중시켜야 한다.

여성으로부터 이야기를 제대로 끌어내려면 그가 어느 점에 자신이 있고, 또 무엇을 얘기하고 싶어 하는지 재빨리 찾아내어 거기에 초점을 맞추어야 한다. 즉 여성의 자아를 자극하는 칭찬을 해야 하는 것이다.

또 일단 그 칭찬의 말에 좋은 반응을 나타내면 한 번에 그치지 말고 표현만 바꾸어 그 점에 대해 집중적으로 칭찬을 해야 한다.

일반적으로 여성들은 공주가 되고 싶은 생각, 무드에 약한 점을 고려하여 칭찬해야 한다.

처음 칭찬을 들을 때는 아첨이라고 생각되던 것도 여러 번 되풀이해서 듣다 보면 정말로 그런 것처럼 믿게 된다.

무엇을 어떻게 칭찬하는가에 따라 여성의 마음은 닫히기도, 열리기도 한다.

02.
눈이 예뻐요

　미국의 시카고대학 심리학 교수팀이 자수성가한 사람 1,600여 명을 대상으로 조사하여 '남자와 여자의 십계명'이라는 것을 발표한 일이 있다. 거기에 세 번째 계명이 "다른 사람을 칭찬하라"이다.
　우리 인간 본성에 관한 매우 중요한 사실 하나는 우리가 칭찬에 너무도 굶주려 있다는 점이다… 그러므로 상대방이 우리를 칭찬하는 이유가 우리의 행동을 조작하기 위함이라는 것이 너무도 확실할 때를 제외하고는 일반적으로 우리는 우리를 칭찬하는 말이 진실이라고 믿는 경향이 있으며, 비록 사람들의 칭찬이 명백한 사탕발림일지라도 그러한 말을 하는 사람들을 좋아한다는 것이다.
　여성이 늘 아름다워지고 싶다는 바람은 참으로 탐욕스럽기까지 하다. 그러나 탐욕스럽기 때문에 이것이 최대의 약점이기도 하다.
　이 약점에 알맞은 흐뭇한 칭찬을 던져주며 그 여성은 동요하게 되어있다.

어떤 여성에게 "당신은 아름답다."라는 칭찬을 해보면 "그런 소리 마세요, 화내겠어요!"하고 대답할는지 모른다.

그러나 "화내겠어요!"하고 선언 했다고 하여 정말 화를 내는 여성은 결코 없다. "화내겠어요!"라는 말은 어쩌면 "화내지 않겠어요!"라는 선언과 같다.

옛 속담에 "고운 얼굴은 가만히 있어도 세상이 칭찬한다.(A fair face will get its praise, though the owner keep silent)"는 말이 있다. 그래서 미인은 침묵을 지키고 있어도 세상 사람의 이목을 끌며 자연히 알려지게 되어 있는 것이다.

그렇다면 가만히 있어도 알려질 바에야 앞서서 칭찬해주는 것이 오히려 좋지 않겠는가, 여성은 자기를 아름답다고 인정해 주는 사람에게 관심이 쏠리게 마련이다.

미인은 미인 나름대로 자기의 아름다움을 자랑하고 싶은 심리가 있으며, 그렇지 않은 여성이라 해도 자기의 아름다운 점을 남이 특히 남성이 인정해 주기를 마음속으로 강하게 바라고 있다.

마음이 아름답거나 품행이 방정하다는 그런 내면적인 칭찬보다는 손이 예쁘다, 다리가 예쁘다, 눈썹이 예쁘다, 귀가 복스럽다, 눈이 예쁘다, 눈이 참으로 매혹적이다, 참 멋진 머리카락을 가졌다, 키가 모델처럼 늘씬하다는 식의 용모의 아름다움을 지적하는 편이 훨씬 좋다.

그 중에서도 눈에 대한 칭찬은 더욱 효과적이다.

영화 '인디아나 존스 공작의 눈(The young IndianaJones)'을

보면 존스가 쟈바 호텔에서 애꾸눈 범인을 찾고 있는데, 존스는 미인(옐리)과 간절히 합석하기를 원한다.

미인이 존스에게 "나한테 잘 해 주는 이유가 무엇인가요?"하고 묻자 존슨은 "눈이 예쁜데요!"하고, 미인은 "고마워요!"라고 대답하면서 합석을 승낙하고 만다.

배재대학 우○○교수가 숲 속에서 토론식 교육을 하고 있었는데, 질문하는 학생의 눈이 아주 맑고 예뻤다고 한다.

그래서 "김은영, 눈이 예뻐요!"라고 칭찬의 말을 던졌다.

그러자 즉각적인 반응이 왔다고 한다.

"우 교수님 감사합니다."

그래 "다른 사람들도 눈이 예쁘다고 하지 않아요?"하고 물었다고 한다.

그러자 "네 많은 사람들이 눈이 예쁘다고 해요!"하면서 김은영 학생은 많은 것을 질문하더라는 것이다.

'눈은 입만큼 말한다.'는 속담이 있는데 눈은 인간의 진실이 서로 오고 가는 통로이다.

눈빛 하나로도 인상은 달라지며 더욱이 미소는 힘이 왼다.

여성의 눈은 호의를 전달하는 심부름꾼 역할을 한다.

아름다운 눈을 가진 여성이 미소를 지으면 더욱 아름답다.

우리의 삶은 매일같이 여성과 만남의 연속이다.

돈 안들이고도 남을 만족하게 해 주는 것이 칭찬이라면 오늘 바로 여성의 용모를 칭찬해야겠다.

03.
잘 어울리는 군요

　모든 여성에게는 장·단점이 있어서 장점만 가진 사람도 단점만 가진 사람도 존재하지 않는다.
　새삼스러운 이야기도 아니다.
　그리고 남성이나 여성이나 상대방으로부터 호감을 얻고 싶어 하는 것은 연령에 상관없다.
　어느 유료 양로원에서 나타난 현상으로 노령이면서도 매일 아침 화장을 하는 할머니는 그렇지 않은 할머니보다 오래 살고 또 그런 할머니를 좋아하는 할아버지도 오래 산다는 것이다.
　다른 사람들로부터 호감을 얻고 싶어 하는 데서 왕성한 삶의 의욕이 솟아난다는 것이다.
　'죽기직전의 사람이 지푸라기라도 잡고자 하듯이 인간은 무엇이든 받아들이는 칭찬에 굶주려 있다.'고 얘기하는 사람도 있다.
　영국의 디즈레일리가 빅토리아 여왕으로부터 신임이 두터운 것에 대해서는 세상이 다 아는 얘기지만, 그 비결은 달리 있는 것이 아니고, 훗날 그 자신이 고백했듯이 흙손질하듯 칭찬으로 발랐기 때문이라는 것이다.

인간은 그렇게 칭찬을 갈망하고 있는 것이다.
여성심리는 눈과 눈이 마주치는 것이 가장 직접적인 호감의 표현이지만, 복장이나, 머리 스타일, 그 사람의 가족을 칭찬하는 것도 '나는 당신을 좋아합니다.'의 표현이 될 수 있다.
그 중에서도 여성의 외모에 영향을 미치는 것은 옷이다.
옷은 여성에 대해서 많은 것을 말해준다.
옷은 입는 여성의 경제적 능력, 교육수준, 사회적 지위, 세련미, 신뢰도, 재치나 견문, 정신상태, 희망, 두려움 등을 나타낸다고 할 수 있다. 또한 여성의 옷차림이나 소지품은 자아의 연장이기도 하다.

누구나 사람을 판단할 때에는 우선 얼굴, 다음에는 그 사람의 옷차림이나 소지품에서 대강 짐작을 하기 마련이다.
옷차림이나 소지품이 자아의 연장이라고 불리는 것은 그것들이 본인에 의해 선택되고 몸에 지녀짐으로써 더욱 그 사람다운 분위기를 자아낸다고 하는, 말하자면 본인의 몸의 일부분이라고도 생각할 수 있기 때문이다.
일반적으로 남자든 여자든 옷차림이나 소지품을 자기 분수에 맞는 것으로 입거나 갖는 것이 당연하며, 너무 균형을 잃은 옷차림은 심리적으로도 평형을 잃고 있는 것이다.

그런 면에서 여성은 세밀한 곳까지 신경을 써주면 보다 쉽게 마음의 문을 연다.

여성이 좀 색다른 액세서리를 몸에 지니고 나왔을 경우 남성들은 칭찬을 아끼지 말아야 한다.

귀걸이가 멋있으면 " 그 귀걸이 아주 멋있어요!" 한다든지, 새 옷을 입고 나왔으면 "잘 어울리는 군요, 산뜻한 복장입니다, 가을 색과 조화를 잘 이룹니다." 등의 칭찬을 해야 한다.

그러한 남성의 칭찬을 여성들은 당연한 것이라고 믿고 있는 것이다.

왜냐하면 여성에게 있어서 옷차림이나 액세서리는 꼭 칭찬받고 싶은 부분이기 때문이다.

어느 TV 토익 강좌 시간에 한정림 선생님과 미국인 마이크가 진행을 맡고 있었다.

그날 한정림 선생님은 노란 블라우스를 입고 강의를 했다. 매우 화사한 차림새였다.

마이크는 한정림 선생님의 옷차림에 대해 마구 칭찬("very Beautiful, very good!") 하였으며, 한정림 선생님은 매우 흐뭇한 표정을 짓고 있었다. 그리고 영어가 예전보다 유창하게 되는 것 같았다.

여성의 옷에 대한 칭찬은 여성을 흥분하게 할 수 있는 것이다.

오토바이 대리점을 경영하는 강ㅇㅇ사장은 어느 일요일, 성당에서 미사를 드리고 나오는데 평소 알고 지내던 이영애(율리아나)씨를 만났다.

이영애씨는 무스탕 옷을 입었는데 참 잘 어울리고 멋있어 보였다.

그래서 "형수! 옷이 참 잘 어울리네, 멋있어요!"하니까

"아이! 아우님은 항상 좋은 소리만 하는 것 같아요"하고 대답하였다.

"아냐! 형수 아주 멋져! 30대 같아요."하자 "그래요?"하는데 얼마나 좋아하는지 꼭 10대 소녀 같더라는 것이다.

인간은 원래 자기도취(나르시시즘 Narcissism)의 성향을 갖고 있다고 한다.

최광선 교수는 나르시시즘이 강하다고 하는 것은 자기중심 성(세상은 자기를 위해서 움직이고 있다)과 만능 감(자신이 생각한대로 된다) 그리고 지나친 자기자만(자신은 중요한 인물이다. 유능하다. 미인이다 등)이 강하다는 것을 의미한다고 하였다.

그런데 나르시시즘은 남성에게도 있기는 하나 여성의 경우 그러한 경향이 더욱 강하다는 것이다.

이러한 성향을 바탕으로 여성의 소지품이나 옷차림 등 장점이 될 만한 것을 발견하여 칭찬해야 한다.

04.
센스가 있어요

어떤 면에서는 여성들이 남성들보다 더 뜻이 깊고 센스가 있다. 이명수씨는 남에게 호감을 사는 법 여섯 가지를 아래와 같이 제시하였는데 네 번째가 칭찬이다.

①. 다른 사람에게 흥미를 가질 것
②. 좋은 인상을 주는 미소를 보낼 것
③. 다른 사람의 이름을 잘 기억해 둘 것
④. 남의 이야기를 잘 듣고 칭찬해 줄 것
⑤. 화제는 상대방을 본위로 할 것
⑥. 상대방을 존경할 것

그래서 칭찬은 남에게 호감을 사는 방법의 으뜸이 될 수 있다.

호감으로 인해 사람과 사람 사이를 이어주는 것은 과연 무엇인가? 궁극적으로는 마음의 흐름이 되겠지만, 그 마음의 흐름을 주고받을 수 있는 것이 '말'이다.

보통 의사들은 세 가지 무기를 갖고 있다고 한다.

①. 첫째가 말이요
②. 다음은 메스(mess-수술)요
③. 그리고 약이라는 무기이다.

여기에서 수술이나 약보다 더 중요한 것은 말이라고 느껴진다.
여성과의 인간관계도 말로 시작해서 말로 끝나는 커뮤니케이션이다.
여성과 인간관계를 잘 맺어나가는 근본은 여성을 이해하고 칭찬해 주는 데 있다.
그러기 위해서 여성 마음속에 어떠한 욕망이 어떠한 동경이 어떠한 기호가 소용돌이 치고 있는지를 발견해 내야 한다.
그리고 여성을 이해하고 있다는 것을 여성에게 전달해야 하며, 여성에 대한 칭찬은 화려할수록 만족도가 높다.
보편적으로 여성은 제 아무리 슬픈 일을 당해도 마음 한 구석에 칭찬의 말을 받아들일 부분은 남겨둔다고 한다.

여성에게 어떠한 칭찬의 말을 들려주느냐 하는 것은, 여성에게 하루의 기쁨과 환희이며 더 나아가서 인생의 행복을 가져 올 수 있다. 그러면 여성의 운명이 달라질 수 있다.
많은 학자들의 연구에 의하면 여성은 남성과 비교하여 논리적, 추상적인 사고능력은 뒤떨어지나 감정적인 성향은 훨씬 더 많이 지니고 있다고 한다. 여기에서 감정적인 성향은 기분이 변하기 쉽고 감각이 예민한 것을 의미한다.

여성은 감정적 성향이 발달하여 센스가 있다.

남성들은 여성들의 센스 있는 행동을 기대하며, 그러한 기대가 무너질 때 환멸의 대상이 될 수도 있다.
여성의 행동에서 센스 있는 세심한 마음의 배려는 반드시 주위사람들에게 감동을 주고 칭찬을 받게 되어 있다.
D자동차 영업소에 근무하는 김미영씨는 동료직원의 와이셔츠 단추가 떨어진 것을 발견하였다.
그 때 바로 자기 가방에서 바늘과 실을 꺼내어 달아 준 일이 있었다.
여성 특유의 세심한 배려였다.
하지만 이러한 마음의 배려도 상대방에게 폐가 되는지 안 되는지를 충분히 생각한 다음에 행해져야 한다.

영국 수상 디즈레일리의 부인은 어느 날 남편이 국회에 연설을 하러 가는데 동행을 하게 되었다.
국회로 가는 마차 속에서 디즈레일리는 열심히 연설 원고를 읽고 있었다. 그런데 부인이 마차 창문을 닫다가 잘못해서 그만 손가락이 창문에 끼이고 말았다.
부인은 남편을 방해하지 않으려고 국회에 도착할 때까지 신음소리 한 마디 내지 않고 그냥 갔다고 한다.
손가락은 새파랗게 멍이 들어 있었다.
이것을 본 디즈레일리는 부인을 "센스가 있어요!"라고 칭찬하였다.

영국에서 훌륭한 정치가로 손꼽히는 디즈레일리의 성공 뒤에는 이러한 센스 있는 여성이 있었던 것이다.
성격이 밝은 여성은 어디에서나 사랑 받는다. 밝은 성격의 여성들은 인생을 긍정적으로 본다.
모든 것을 선의로 해석하며 다른 사람을 진심으로 이해하려고 한다.
지하철이나 버스 속에서 발을 밟혔을 때도 그냥 약간의 미소를 띠며 "괜찮아요!"한다거나, 백화점, 슈퍼에서 상대방이 자리를 먼저 양보했을 때 "감사합니다."하는 인사는 칭찬을 받기에 충분하다.
"세상을 움직이는 것은 남자다. 그러나 그 남자를 움직이는 것은 여자다."라는 명언이 있다.
센스가 있는 여성, 성격이 밝은 여성의 훌륭한 행동은 오래오래 칭찬을 받는다.
그리고 결국 그런 여성들이 세상을 움직인다.

05.
애인 생겼어요

'상대방을 칭찬하라!'는 말은 초면의 상대방으로 하여금 경계심을 풀도록 하여 대화의 목적을 얻게끔 꾀하라는 뜻이다.

이것을 '오픈 마인드(Open mind)'라고도 하며 이른바 상대방에게 적합하거나 우월한 사물을 비유하여 자기만족의 심리를 자극하고 마음의 문을 열게 하는 테크닉을 가리킨다.

어느 신문의 '성(性)의학 창'에는 부산 이무연 비뇨기과 의원의 글이 실린 일이 있었다.

얼마 전 30대 중반으로 보이는 여성이 남편과 함께 필자의 병원을 찾았다. 그 부부는 결혼한 지 10년이 됐고 슬하에 딸 하나를 두고 있다고 했다. 비교적 건강해 보이는 이들 부부 사이문제는 다름 아닌 부부관계였다.

그 중에서도 특히 남편의 조루가 문제였다.

이러한 현상이 결혼 후 지금까지 계속되자 참다못한 아내가 남편을 이끌고 병원을 찾게 되었다고 했다.

여기에서 이 의원은 우선 문제를 정확하게 풀어내기 위해 애쓰는 건강한 의식을 지닌 부인부터 칭찬했다고 한다. 그리고 나서 자세한 진찰 및 검사에 들어갔다는 것이다.

칭찬은 이제 의사가 오픈 마인드를 통하여 환자의 상태를 정확하게 진찰하고 검사하는데 까지 사용되고 있음을 알 수 있다.

인간은 어떤 가능성을 가지고 살아가고 있는 존재이다.
모든 여성은 어떤 면으로든지 칭찬받을 대상이 된다.
그 중에서도 우아한 여성은 다른 사람들로부터 칭찬을 받기 충분하다.
자신만이 칭찬을 듣고 싶다는 감정은 누구에게나 있으며 특히 여성은 그 감정이 강하다.

미인이다, 재능이 있다, 머리가 좋다, 품위가 있다는 점 등에서 무엇이든 여성은 자신만이 칭찬을 받고 싶어 한다.
인간에게는 많든 적든 자신을 칭찬해 주는 인간에게 매달리고 싶은 기분이 있는데 여성들의 경우 그 정도는 더욱 강하다.
일본의 심리학자 시라이시 고우이찌(白石洸一)는 유행에 유혹되는 심리 조건 세 가지는

● 새로운 것에 대한 호기심과

- 다른 사람에게 훌륭하게 보이려고 하는 '위광(威光–Prestige)욕구'
- 남과 똑같이 되지 않으면 소외되고 만다는 '일치성(一致性–Conformity) 추구'라고 했다.

그 중에서도 여성은 다른 사람에게 훌륭하게 보이려고 하는 '위광욕구'가 강하다.

모든 인간 마음의 기쁨과 만족은 상대방을 자기와 비교해서 자기를 높이 생각하는 우월감을 갖는 데서 기인한다.
그런데 마음을 흡족하게 하는 만족의 원인은 자기 자신에게서부터 출발한 다기 보다는 대부분 상대방의 인정이나 칭찬으로부터 비롯되는 것이다.
그렇기 때문에 여성에 대한 인품이나 교양에 대해서 칭찬해야 한다.
특히 여성의 말씨, 행동 등은 본인의 노력 여하에 따라 좋아질 수도 있고, 나빠질 수도 있기 때문에 이 점에 대해서 주의를 기울여 칭찬해 주면 더욱 좋을 것이다.
"당신의 말씨가 고와서 매우 기분이 좋습니다!" "당신은 현대 여성답게 우아한 기품이 있습니다." 따위의 칭찬의 말은 누구에게나 환영 받을 것이다. 초면의 여성일 경우에는 더욱더 효과적이며 칭찬의 말이 상대편의 경계심을 일시에 제거시켜 이내 친숙해질 것이다.

서울에서 광고 대행업을 하는 박ㅇㅇ씨는 지난여름, 점심시간을 이용하여 우리 밀로 만든 국수를 먹으러 '우리 집'이라는 음식점에 갔다.

종업원 이○○씨가 얼굴에 분홍색 연지를 칠했는데 아주 예뻤으며 몸매와 말하는 품위가 일품이었다.
　음식점과 함께 멋진 분위기를 연출하고 있었다.
　그래서 "화장 색깔이 참 예쁩니다, 품위가 있습니다, 혹시 애인 생겼어요?"하고 칭찬의 말을 보냈다고 한다.
　그러자 아가씨는 금세 얼굴을 붉혔지만 전혀 싫은 표정이 아니었다. 그리고 식사가 거의 끝나갈 무렵에 박○○씨에게 커피 한잔 하지 않겠느냐고 묻더라는 것이다.
　국수 먹고 웬 커피를!
　그 음식점은 식사 후에 커피를 대접하는 곳이 아니다.
　그런데도 불구하고 박○○씨에게 특별한 호의를 베풀더라는 것이다.
　여성에 대한 칭찬은 예측할 수 없는 기분 좋은 결과를 가져오곤 한다.

　손○○씨는 공직을 정년퇴직 한 독실한 기독교 신자이며 현재 ○○감리교회 장로이다.
　교회 예배 시간에는 신자들이 독서대 앞에 나아가 성경을 낭독하는 시간이 있다.

　김○○씨 부부가 그 날의 성경을 읽었다.
　그런데 그 날 따라 김○○씨 부부의 목소리는 참으로 우아하고 정감이 있었다. 마이크 탓이었는지도 모르지만, 예배 후에 손 장로는 그 부부에게 다가가서 "자매님! 목소리가 삼십대 같고 아주 우

아했어요. 오늘 독서를 위하여 계란 먹고 왔어요?"하고 칭찬하였다고 한다.

    그 자매는 얼굴이 금방 보름달처럼 밝아지더니 "아이! 좀 더 연습 좀 할 걸."하고 말하였지만 아주 좋은 반응이더라는 것이다.

    많은 청중 앞에서 성경 독서를 했는데 장로님이 잘 했다고 칭찬해 주니 기분이 들뜰 수밖에 없지 않은가!

    인간은 누구나 자신의 욕구를 충족시켜 주는 사람을 좋아한다.

    이러한 상대방의 감정을 적절히 이용하는 것이 칭찬이며, 칭찬을 통하여 자신에 대한 인상도 좋게 만들 수 있다.

    그리고 어떠한 칭찬에도 움직이지 않는 여성일지라도 자기의 이야기를 진심으로 들려주는 사람에게는 정신을 빼앗기게 되어 있다.

    그렇기 때문에 여성의 분위기, 우아함, 정감 등을 놓치지 말고 칭찬할 수 있어야 한다.

06.
천사 같은 마음이야

정(鄭)나라 대신이었던 자산(子産)은 청렴결백한 관리였다.

그런데 어느 날, 누군가 자산에게 좋은 생선을 집으로 보냈으나 그는 그것을 받아들이지 않고 돌려보냈다.

즉 뇌물을 단호히 거절한 것이다.

뇌물을 보냈던 사람은 이상하게 여기고 자산에게 물어 보았다.

"대신 나리께서 생선을 아주 좋아하신다고 들어서 생선을 보내드렸는데 왜 거절하셨나요?"

그러자 "내가 생선을 좋아하기에 거절한 것이오. 그 생선을 받아 먹은 죄로 대신 자리에서 쫓겨나면 나는 평생 내가 먹고 싶을 때 생선을 마음껏 먹을 수 있기 때문이요!"하였다.

그러자 "대신 나리, 제 허물을 용서해 주십시오!"하고 사죄하였다.

이 이야기를 들은 공자는 그를 매우 칭찬하였다.

위인들도 바른 마음, 훌륭한 일에는 칭찬을 아끼지 않았으며 칭찬을 통하여 제자들을 교육시킨 것이다.

여성들은 고상한 것과 옳은 것과 칭찬할만한 것들을 많이 가지고 있다. 그 중에서도 천사 같은 부드러운 마음, 모성애 등은 오래 오래 칭찬받아 마땅하다.

어떠한 여성에게든 비록 정도의 차이는 있을지라도 모성 본능이 없는 여성은 없다. 여성들은 이 모성을 자극 받았을 때 남성에 대해 애정을 갖고 친밀감을 갖는다.

확실히 인간의 언동은 감정에 의해서 결정된다.

물론 인간은 지적 동물(知的動物)이라고도 한다.

그러나 지성보다는 여러 가지 감정에 의해서 동요되고 충동을 받는다.

'나를 높이고 싶다, 인정받고 싶다.'라고 하는 충동은 남녀의 구별이 없는 인간다운 욕구이다.

"좋은 아내는 좋은 남편을 만든다.(A good wife makes a good husband)"

"명랑한 아내는 생애를 즐겁게 한다.(A merry wife makes all her life pleasant)"는 서양의 속담처럼 편안하며 쾌활하고 밝은 여성은 자기도 즐겁게 살며, 그의 주위 사람까지도 좋은 분위기 속으로 몰아넣는다.

나이팅게일은 1854년 10월21일 38명의 간호사를 대동하고 크리미아 전쟁터로 향한다.

스쿠타리 병원은 지옥과 같았으며 "이 곳에 들어온 사람들은 모든 희망을 버려라"라는 말이 있을 정도였다.
그러나 그 곳에서 플로렌스 나이팅게일은 희망을 버리지 않고 부상당한 병사들을 간호했다.
그러자 부상당한 군인들은 "이 병원이 바로 우리의 교회이며 나이팅게일은 우리의 천사다. 그는 천사 같은 마음을 가졌어!"라고 칭찬을 하였다.
스쿠타리 병원에 있는 대부분의 환자들은 그녀에게 고마움을 느끼고 '등불을 든 숙녀'라고 경의와 칭찬을 표했다.
나이팅게일의 헌신적인 간호에 그를 천사라고 부른 것이다.

어느 TV에 '목욕탕 집 남자들'이란 프로가 있었다.
이 프로는 꽤 높은 시청률을 보이며 인기리에 방영되었다.
어느 평론가는 큰 며느리(고두심)의 훌륭한 연기력과 대가족을 이끌어가는 착한 마음이 시청자의 공감을 얻어 좋은 결과를 냈다고 말했다.

여성의 착한 마음은 누구에게나 공감을 가져오는 것이다.
김희재씨는 신문의 『주부 에세이』에서 이런 글을 썼다.
불볕더위가 유난스럽게도 기승을 부리는 여름 날, 친구네 시아버님이 지병으로 쓰러져 병원에 입원을 했다는 소식에 가까운 사람 몇몇이 문병을 갔다.
"더운 데 고생이 많으시지요?"
딱히 누구에게 라고 꼬집어 말할 수 없는 인사를 건네자 친구가

대답을 했다.

"만날 병실에서 주무시며 간호하시느라 어머니께서 고생이 많으셔요!"

"얘가 이 더위에 살림하랴. 병원에 쫓아다니랴 더 힘이 들지요!"

고부간에 서로 칭찬하는 모습이 너무 보기 좋았다.

그녀의 모습은 정말 아름다웠다.

더위도 아랑곳하지 않고 하루에도 몇 번씩 집과 병원을 오가며 집안 살림하고 시어머니를 위해 식사를 해서 나르고 틈틈이 거동을 못하시는 시아버지 수발을 드는 그녀의 마음이 너무 아름다웠다.

여성의 아름다운 마음씨는 오래오래 이야기로 전해진다.

여성의 아름다움은 외적인 것도 있지만 이렇게 보이지 않는 마음, 더 큰 아름다운 마음씨에 있다.

여성의 천사 같은 마음은 칭찬받아 마땅하다.

여성칭찬 10계명

01. 미소와 얼굴 표정을 칭찬하라
02. 소지품과 옷 차림새를 칭찬하라
03. 머리 모양을 칭찬하라
04. 말투와 목소리를 칭찬하라
05. 세련미와 아름다움을 칭찬하라
06. 재치와 유머감각을 칭찬하라
07. 자기역할을 칭찬하라
08. 강점을 칭찬하라
09. 품위와 우아함을 칭찬하라
10. 마음씨를 칭찬하라

제 9 장
남성에 대한 칭찬

"제갈공명은 선은 아무리 작더라도
칭찬을 하지 않은 일이 없었고
악은 아무리 작더라도
벌을 주지 않은 일이 없었다."

01.
너무나도 용감합니다

남자는 사회적 승인욕구가 강하다.

사회적 승인욕구는 자신이 다른 사람으로부터 존중을 받거나 칭찬을 받음으로써 만족감을 얻게 된다는 욕구이다.

다른 사람의 마음에 들고 그 사람과 친구가 되려고 생각한다면 그 사람의 장점과 단점을 찾아내서 그 사람이 칭찬받고자 하는 것을 칭찬해라.

남성에게도 실제로 우수한 부분과 우수하다고 인정을 받고 싶은 부분이 있게 마련이다.

우수한 부분을 칭찬받으면 기쁘지만, 그보다 더 기쁜 것은 역시 우수하다고 인정받고 싶은 것을 칭찬받는 일이다.

이보다 더 자존심을 살려주는 것은 분명히 없으며, 그 중에서도 남성은 남성다운 용감함을 칭찬받고 싶어 한다.

그래서 남성의 용기를 칭찬해야 한다.

남성의 용기야말로 인간의 여러 가지 특성 중에서 행복에 도달하는데 가장 필요한 요소이며 용감한 자는 겁내지 않는다.

용감한 자는 정의에 입각하여 신념이 서 있어 꿋꿋함을 갖고 살아간다.

프로바이만의 조사에 의한 남자다움의 이미지는 독립심이 강하고, 객관적이고, 활발하고, 경쟁심이 강하고, 논리적이며, 일하는 자이며, 용감하며, 결단력이 있으며, 자신이 있고, 지도력이 있는 야심가적인 성질에서 성립된다고 하였다.

그런 면에서 특히 여성들이 남성들에게 해서는 안 될 금구(禁句) 사항으로는

"당신은 쩨쩨해요!"

"다음은 당신은 사내답지 못해요!"

"당신은 너무 치근치근해요!"라고 하는 말들이다.

남성이 이와 같은 말을 듣는 것을 치욕으로 생각하며 남자다운 용감성을 상실했다는 의미로 받아들인다.

케네디가 상원의원 선거에 출마하였을 때다.

경쟁상대는 헨리 캐벗로지라는 사람으로 케네디와 마찬가지로 하버드대학을 나온 매우 훌륭한 인물이었다.

당시 여론은 "로지에 비하면 케네디는 너무 어리군. 그러니 위험하지 않을까?"라는 것이었다.

그런 것을 증명이라도 하듯이 선거 중반에 케네디가 열세였다.

그런 어느 날 케네디는 뜻밖의 사람한테서 편지를 받았다.

일본의 아마기리호의 함장이었던 하나미 코오헤이(花見弘平)이라는 사람이 보낸 편지였다.

편지에는 이런 내용이 적혀 있었다.

"케네디씨, 그 때 나는 당신이 너무나도 용감한데 깜짝 놀랐습니다. 그처럼 조그마한 P.T 보트로 우리한테 대항해 왔기 때문입니다. 어쨌든 무사해서 다행이었습니다.

그리고 선거에 입후보했다고 들었습니다.

꼭 당선되시기를 진심으로 빌고 있습니다." 하는 내용이었다.

이 편지가 언론에 크게 보도 되었다.

"옳지 이런 일도 케네디에게 있었구먼. 아! 케네디를 다시 보게 되었다."는 것이다.

선거 결과 불리하다던 케네디가 승리하였고 상원의원으로 당선되었다.

케네디의 P.T보트 함장 시절의 용감함을 칭찬하는 글이 선거에 큰 영향을 미쳤던 것이다.

자신의 거취를 스스로 결정할 수 있는 사람은 용기 있는 사람이다. 특히 막대한 권한과 책임이 부여된 자리에 앉아 있는 사람의 경우 최선을 다한 뒤 스스로 물러나기란 쉬운 일이 아니다.

그래서 남들이 부러운 눈길로 쳐다보는 정상의 자리에 올랐다가 과욕 때문에 비참한 최후를 맞는 경우를 우리는 종종 봐 왔다.

지식과 용기는 이 세상에서 위대한 일을 만들어 내는 것 같다. 지식이 있고 지혜로워도 용기가 없으면 지하에 묻힌 보물에 불과하다.

지혜와 지식을 운반하고 활용하는 것은 참 용기다.

네덜란드의 세계적인 전자회사 필립스의 얀 팀머 사장은 그런 의미에서 행복하고 용감한 사람이다.

백 년이 넘는 필립스의 역사 이래 가장 획기적인 업적을 남긴 사람으로 기록될만한 그는 지난 해 말 돌연 사임하겠다고 발표하였다.

그 이유는 '하늘이 자신에게 맡긴 소명이 이제 끝났다.'고 생각했기 때문이란다.

정상의 자리에서 스스로 물러난 용기 있는 진짜 사나이라고 칭찬하고 있다.

장○○씨는 인천에서 중소기업을 운영하는 여사장이다.

95년도 말 어느 날 고등학교에 다니는 아들 녀석이 집에 돌아와서 자기 생각에는 머리가 짧은데도 불구하고 선생님으로부터 머리가 길다고 지적 받았다며 투덜거리더라는 것이다.

그런데 불만투성이든 아들이 머리를 깎고 돌아왔다.

그래서 "네 머리가 정말 남성답다, 멋지다."라고 칭찬해 줬더니 뽀로통하던 얼굴이 금세 환해지더라는 것이다.

남성은 남성답다, 용감하다는 말에 약하다.

용감한 남성들은 자기의 나아갈 길을 잃고 헤메거나, 위기에 빠져 방황하고 있을 때 대개 생각을 고쳐먹고 확실하게 갈림길(分岐點)까지 일단 되돌아간다.

그러면 마음을 가라앉힐 수 있고 다시 용기를 얻는다.

이것이 남성이 해야 할 일이고 이런 일을 칭찬받는다.

02.
위대합니다

셰익스피어의 햄릿 역을 맡았던 유명한 배우가 있었다.

그가 막 연극을 끝내고 분장실로 돌아오자 여성 노인관객 한 명이 다가오더니 이렇게 말했다.

"정말 놀랐습니다. 어쩌면 그렇게 똑 같은 연기를 하는지 말이에요!"

기분이 으쓱해진 배우 왈,

"감사합니다. 부인께서는 생전의 햄릿을 잘 알고 계시군요!"

연기가 훌륭하다는 칭찬을 한 노인이나 노인을 추켜세운 배우의 대화는 둘 다 일품이었다.

이런 면에서 칭찬이야말로 인간의 자아를 부추기는 최상의 자극제임이 틀림없다.

우리가 살아가면서 피해야 할 사람은 앞에서는 칭찬하고 뒤에 가서 흠집 내는 사람이다.

그래서 필요이상의 칭찬이나 가식은 경계해야 한다.

그것은 상대방을 자만하게 만들어 퇴보로 몰아넣을 수가 있기 때문이다.

남성에 대한 칭찬은

"당신은 참 위대하다, 재능이 뛰어나다, 능력이 대단하다."라고 말해줌으로써 남성의 야망을 자극시킬 수 있다.

1961년, 케네디 대통령의 초청으로 백악관을 방문한 트루먼(Harry S.Truman) 전 대통령은 만찬회가 끝나자 몇 곡의 피아노 연주로 케네디 대통령을 비롯하여 모든 내빈들을 감격시켰다.

연주가 끝나자 케네디 대통령은 엄숙한 표정으로 그를 칭찬했다.

"인류 사회에 정의란 없다. 우리 위대한 트루먼 대통령께서는 화이트 하우스로 다시 돌아오셨습니다."

훌륭한 인물일수록 더 많은 칭찬을 사용한 것 같다.

1996년 1월8일 프랑스의 미테랑 대통령이 사망하였다.

그러자 세계 각국 지도자들의 칭찬이 마치 경쟁이라도 하듯 쏟아졌다.

우리시대의 가장 위대한 인물(스페인 총리)

어려울 때마다 도움을 준 진정한 친구(독일 총리)

20세기의 가장 위대한 정치 지도자(이스라엘 총리)

등 우리를 떠난 위대한 인물로 묘사되어 칭찬하고 있다.

고인에 대한 이 같은 한결 같은 칭찬은 그가 인간으로서 극적인 삶을 살아왔을 뿐만 아니라 나폴레옹 이후 최장기 집권에도 불구하고 프랑스인의 자존심을 지키고 유럽통합을 주도적으로 이끌어온 영웅이었기 때문이다.

　지동설을 주장했던 갈릴레오는 온갖 위협이나 회유에도 굴하지 않고 끝까지 "그래도 지구는 돈다!"고 주장하였다.

　그래서 그는 원칙이나 신념을 가진 대표적인 남성으로 지금까지 칭찬받고 있다.

　하광호 교수의 책에 소개된 칭찬에 관한 이야기다.

　중학교 방학 때 시골에서 있었던 일이다.

　미국 지프가 마을 앞을 지나다가 진흙탕에 바퀴가 빠져 미군이 마을 사람들에게 도움을 청하였다.

　그런데 도대체 그들이 뭘 해달라고 하는지 알 수가 없었다.

　나는 당시 마을의 유일한 중학생으로 내 생에 처음으로 미군과 통역을 하였다.

　낱말 하나도 정확히 이해하지 못해 서툴기 짝이 없었지만 미군들의 요구에 따라 그들을 도와줬고, 마침내 지프는 진흙탕을 벗어나 마을을 떠나갔다.

　그 사건으로 인해 나는 단번에 영어 잘하는 재능 있는 중학생이라는 말을 듣게 되었다.

　어른들의 그러한 칭찬에 나는 점점 더 으쓱해졌다.

　나는 그날 일을 계기로 더 영어에 재미를 붙였고 자신감과 긍지로 똘똘 뭉쳐 더 잘 해 보겠다는 다짐을 하게 되었다.

　칭찬이 사람을 어떻게 변모시켜 나가는지를 보여주는 사례다.

사실 인간은 우리 재능의 아주 작은 부분만을 사용하고 있다.

인간을 연구하는 여러 방면의 학자들은 우리의 가능성 중 90퍼센트는 개발되지 않은 채 미지의 상태로 남아있다고 주장한다.

몇몇 학자들은 아예 사용하지 않은 채 내버려두는 능력이나 재능의 비율을 95퍼센트라고 말하기도 한다. 그렇다면 남성의 위대함이나 재능을 칭찬하여 지금보다 훨씬 더 큰 능력을 발휘할 수 있도록 해야 한다.

03.
정의롭다

『위정삼부서(爲政三部書)』는 지금으로부터 약 700년 전 원나라 시대에 장양호라는 사람이 쓴 책이다.

이 책의 특징은 조직을 이끌어가는 남성지도자의 마음가짐을 설명하고 있다.

장양호는 이 책에서 자기도 살고 남도 살리는 방법을 이야기 하고 있는데 예부터 정치에는 반드시 칭찬과 비난이 오고 가면 상과 칭찬은 상대방에게 넘겨주고 비난은 자기가 받는 마음가짐이 중요하다고 하였다.

보통 우리가 이야기 할 때 상대방을 평가하게 되면 그 사람의 좋은 점만 골라서 이야기하라고 하지만 실제로는 매우 힘든 일이다.

어느 대화에서 상대방이 어떤 사람에 대해 험담을 늘어놓을 때 못 들은 체 하고 입을 다물고 있으면 '저 사람하고는 마음을 터놓을 수 없다!'며 경계를 당하는 수가 있다.

그렇다고 해서 함께 타인의 흉을 본다는 것도 문제다.

그래서 상대방을 평가할 때는 단점 30%, 장점 70% 정도의 비율로 말하는 것이 좋다는 이야기가 있다.

그러나 그 30%도 타인에게 치명적인 말은 해서 안 된다는 것이다.

어느 날 남성에게는 지성과 행동력이 요구된다.

남성에 대해서는 지성과 행동이 수반되는 정의로운 일을 칭찬해야 한다.

정의는 사회생활의 기본 원칙이며 공자는 "이를 보고 의를 생각한다.(見利思義)"라고 하였다.

이것은 이익에 직면하였을 때 그것이 정의에 합당한가! 벗어나지 않았는가를 보고 판단하라는 뜻이다.

안병욱 교수도 이상적인 인간상으로

①. 멀리 보는 눈
②. 진실의 소리를 들을 줄 아는 귀
③. 진실과 정의를 외치는 입
④. 창조하는 손
⑤. 명석하게 사고하는 머리
⑥. 성실한 양심을 갖는 가슴의 여섯 가지 속성을 말하였는데, 세 번째에 정의를 강조하 였다.

이 땅에는 어떠한 어려운 절망의 상황에서도 굴하지 않고 정의를 위해 애쓰는 남성들이 많이 있다.

그 남성들은 칭찬을 받는다.

우리 민족이 일본에 나라를 빼앗기고 어둠 속에서 신음하고 있을 때 조국을 다시 찾기 위해 일본 제국주의와 싸운 백범 김구 선생님은 삼천리 방방곡곡 남녀노소를 막론하고 우리겨레 누구나가 모두 떠받든 훌륭한 독립 운동가였다.

하루는 윤봉길 의사(義士)가 김구 선생님을 찾아와

"요전에 이봉창이 한 일을 이번에는 제게 맡겨 주십시오. 제발 부탁입니다."라고 하였다.

김구 선생님은 "윤봉길이야말로 정의로운 진정한 항일투사라는 칭찬을 동지들로부터 듣고 윤동지를 만나니 마음이 든든하오. 실은 나도 윤동지와 같은 사람을 찾고 있던 중이요."라고 했다.

그 후 윤봉길 의사에게는 중책이 맡겨졌으며 훌륭히 수행하였다. 그래서 우리는 지금도 정의로운 윤의사를 칭찬하고 있다.

이스라엘에 전해 오는 이야기다.

고대의 어떤 유태 왕국에 적이 침공해 오자 왕과 재상은 절망에 빠졌다. 이때는 누가 보아도 침략자가 나빴으며 왕은 이웃나라에 원조를 청하려고 했다.

그리하여 재상에게 공문서를 작성하라고 지시했다. 재상은 왕국이 절대절명(絶對絶命)의 처지에 있었으므로 전심전력을 다해서 편지를 써 내려갔다.

그러는 사이에 해가 서산에 졌다.

그러자 종자가 등불을 켜가지고 왔다. 종자는 불을 가까이에 들었다. 이제는 밤이 되어 눈앞까지 캄캄해졌다.

"빛을 밝혀라!"하고 재상은 말했다.

그리고 자신도 모르게 편지 속에 그 말을 써넣고 말았다. 이 한마디가 이웃나라의 왕의 마음을 움직이게 했다. 이웃나라 왕은 빛을 밝혀정의를 지켜야 한다고 결정하였다.

정의가 왕의 마음을 움직인 것이다.

중동전쟁 때 인구 5백만 명의 이스라엘이 인구 3억의 아랍을 상대로 이길 수 있었던 것은 이스라엘 장교들의 정의로운 솔선수범 때문이었다고 한다.

당시 양측 전사자들의 신원을 조사한 결과에 따르면 이스라엘 전사자들의 과반수가 장교들이었는데 반하여, 아랍 측의 전사자들은 그 대부분이 사병들이었다고 한다.

이스라엘 장교들을 그들이 신봉하는 나라와 정의를 위하여 전쟁터에서 스스로 앞장서 죽어갔던 것이다.

그래서 그들의 정의는 오래 기억되는 것이다.

박정희 대통령 시절 유신치하에서 천주교 신부님을 중심으로 정의구현 사제단이 만들어 졌다.

그들은 '우리의 인권주장'에서 "인권문제를 거론하는 것 자체가 금기로 되어있는 오늘의 현실에서, 인권의 회복을 외치는 것이 안보와 사회 안정을 해친다는 이유로 또 하나의 인권 유린을 자초하는 것임을 우리는 잘 알고 있다."라고 주장하였다.

또 성명서를 통하여 "우리는 권력 당국과 경영주들이 그들의 부당한 조치와 패배주의를 청산하고 이제는 붓이 없어 목청으로 외치는 기자들의 외침을 받아들이고 그들의 부당한 해임, 파면, 무기정직 조치를 취소할 것을 촉구하는 바입니다."라고 하였다.

그래서 그들은 오늘날까지 정의를 외쳤던 의로운 분들이라고 칭찬받고 있다.

가톨릭주교회의 신임의장 정진석 청주교구장은 세계일보와의 인터뷰에서 "종교를 믿는 사람이 전체국민의 반을 넘지만 사회에는 여전히 악이 팽배해 있습니다. 사회가 이처럼 정의롭지 못한 것은 종교인들이 바르고 복되며 선하게 살라는 가르침을 지키지 못했기 때문입니다"라고 하였다.

신(神)은 정의의 사람들을 돕는다고 한다.
그러니 정의를 위하여 힘쓰는 남성들을 칭찬해야 한다.
"당신은 정의롭다."라고.

04.
결단력이 있네요

삼국지에 나오는 제갈공명은 "선은 아무리 작더라도 칭찬을 하지 않는 일이 없었고, 악은 아무리 작더라도 벌을 주지 않는 일이 없었다."고 한다.

그래서 나라 안의 모든 사람들이 외경심(畏敬心)을 갖고 그를 사랑하였다고 한다.

윗사람에게 진언한다는 것은 어려운 것이다.

이는 상대방의 마음을 익어낸 뒤에 해야 한다. 상대가 자만하고 있는 점은 칭찬하고 부끄럽게 여기고 있는 것은 잊게 해주어야 한다.

남성은 누구나 그 성격이나 행동에 장단점을 동시에 지니고 있다. 남의 눈에 아름답게 비치는 것은 그 사람의 장점이다.

올바를 자세로 세상을 살아가는 사람은 남의 장점을 보면 애써 들추어 내주고, 그 아름다운 점이 훌륭하게 꽃피울 수 있도록 도와준다. 그 중에서도 남성의 결단력이 있는 행동, 과감한 모습 등은 칭찬받는다. 결단력이야말로 격동의 시대에 있어서는 남성의 본령이다.

잠깐 사이에 단호히 훌륭한 결정을 내리는 사람이야말로 유능한 지도자로서의 자질이 충분하기 때문이다. 남성은 내일을 생각하지 않고 오늘에 전력투구하는 결단력을 가지고 있다.

내일이 있다고 생각하고 있는데 한밤중에 갑자기 태풍이 불어 닥칠지도 모른다. 그래서 오늘 할 수 있는 일을 내일로 미루어서는 안 된다. 결단해야 할 것은 하려고 결심해야 한다. 그리고 일단 결심한 것은 반드시 실행에 옮겨야 한다.

그렇게 결심하면 그 날이 바로 길일일 수 있다.

중국 진(晉)나라의 평공(平公)이 큰 종을 만들었다.

오랜 시일이 걸려 마침내 종이 완성되자 평공은 이 종을 치게 하여, 당시의 유명한 악인(樂人)들에게 그 소리를 듣게 하였다.

"종소리가 어떠한가!"하고 평공이 묻자 악인들은 모두 한결같이 "과연 음률에 잘 맞는 소리가 납니다."하고 입을 모아 칭찬하는 것이었다.

그런데 유독 사광(師曠)만이 아무 말이 없었다.

"사광은 아무 말이 없는데 어떻게 생각하오?"하고 다시 묻자, 사광은 "박자가 맞지 않는군요!"하고 과단성 있게 반대의견을 말했다.

이렇게 사광은 끝내 자기 결단을 굽히지 않아 고집쟁이로 낙인이 찍혀 버렸지만 그 후 위(衛)나라 영공(靈供) 때가 되어, 사견(師絹)이라는 악인이 종소리를 듣고 비로소 박자가 맞지 않는다고 지적하였다.

과연 사광은 정확한 귀를 가진 결단력 있는 악인이었던 것이다.

악약(樂羊)이 위나라의 장수가 되어 중산(中山) 나라를 공격했다. 그러자 중산의 임금은 마침 그 나라에 있던 악양의 아들을 불에 삶아 그것으로 죽을 만들어 악양에게 보냈다. 그러자 악양은 막사에 앉아서 가지고 온 죽 한 그릇을 단숨에 마셔버렸다.

위나라 왕 문후(文候)는 군사들을 돌아보며 그 사실을 칭찬하며 말했다.

"악양은 나를 위하여 자기 자식의 고기까지도 먹었다. 모름지기 장수는 이 정도의 결단력과 과감성이 있어야 하는 것이다!"라고 하였다.

왕을 위해 아들의 살과 뼈로 만든 죽을 과감히 먹은 장수를 왕은 칭찬하지 않을 수 없었을 것이다.

세계적인 초우량 기업인 미국의 제너럴 일렉트릭(GE)은 개혁의 상징으로 비쳐지고 있다. GE는 매년 수익성이 떨어지거나 사업 전망이 어두운 분야는 과감하게 정리함으로써 경영 리스크를 줄였다. 그리고 이러한 분야에 투입했던 인력과 자금은 유망한 사업을 개발하기 위해 전환하였다.

이러한 개혁을 주도한 인물은 잭 월치(Jack Welch)회장으로 세인들로부터 결단력 있는 인물로 칭찬받고 있다.

민ㅇㅇ씨는 고등학교 국어선생님이다.

96년 9월 EXPO 아트홀에서 밀라노 한인 천주교회 성가대 초청 공연이 있었는데 평협회장이 민ㅇㅇ선생님에게 일찍 나와서 봉사하라고 하여 시작시간보다 먼저 도착하였다고 한다.
　그랬더니 "입장표를 받아라. 표가 없는 사람은 사오도록 하라."는 말을 하라는 것이었다고 한다.
　민ㅇㅇ선생님은 어쩐지 어색하고 쑥스러웠다.
　'내가 소위 선생인데…'
　처음 하는 일이고 수백 명을 상대해야 하였기 때문에 한참 망설였다고 한다. 그러나 어쩔 수 없이 결심하였다.
　그리고 "표 있으세요? 표 없으시면 매표구에서 사 오십시오!"하고 돌려보냈다고 한다.
　그러한 민ㅇㅇ선생님의 행동을 본 수녀님이
　"민ㅇㅇ선생님 결단력이 있네요! 민ㅇㅇ선생님은 매너가 아주 좋아요."라고 칭찬하더라는 것이다.
　기분이 좋았었다고 한다.
　남성은 결단력을 칭찬받게 되면 더 마음이 넓어진다.

　결단력이 시대를 움직이고 세계를 바꾸어 간다.
　생각을 행동으로 옮기는 결단력은 훌륭한 것이다.
　그리고 남성은 결단성 있는 사람이라는 칭찬을 듣고 싶어 한다.
　칭찬도 생각이 들면 바로 결단해서 행해야 한다.

05.
위대한 경영자

어느 의미에서 우리는 일하기 위해서 태어났다고도 볼 수 있다. 일이란 휴식과 놀이 또는 여가를 위한 활동을 제외한 모든 생산적인 활동을 말한다.

모든 일이 곧 직업이라고 말할 수는 없다.

보통 직업이라고 말할 때는 성인들의 일상적인 활동으로서 경제적으로 보상되는 활동을 뜻한다.

대부분의 사람들은 자신의 직업적 활동을 통해서 얻는 소득으로 자신과 가족의 생계를 꾸려 나간다. 그런 의미에서 직업은 생업(生業)이라고도 불리 우며 직업은 직장에서 이루어진다.

개인에게 있어서 직업은 살아가는데 필요한 물질적 자원을 정당하게 획득하는 수단이기도 하고, 그 개인의 사회적 지위를 결정해 주기도 하지만, 동시에 개인의 자아를 실현하는 기회를 마련해주는 것이기도 하다.

사실상 일이란 그 자체가 목적이 되고 보람이 될 경우도 많다.

그리고 직장에서 일하는 사람들은 모두 각자의 동기 때문에 일한다.

직장 안에는 즐거움과 보람이 있고 영광도 있고 인생의 절정도 있다. 반면 고통, 갈등 그리고 실의(失意)의 나락도 있다.

직장도 결국은 인간사회이기 때문이다.

일반적으로 직장인은 자기를 알아주는 사람이 있다는 확신이 서고, 일하는 방법을 가르쳐 준다는 기대감이 있을 때 비로소 힘을 낸다.

존 니콜슨(Jone Nicholson)은 위대한 경영자의 자질로 세 가지를 들고 있는데

①. 첫째는 비난을 받아들여라.
②. 다음은 칭찬을 아끼지 않는다.
③. 그리고 원대한 꿈을 가진다고 하였다.

위대한 경영자는 칭찬을 아끼지 않는 것이다.

그러나 칭찬은 가장 적게 사용되는 경영 수단이다. 위대한 경영자는 언제나 일을 제대로 하는 사람을 찾아내 적절하게 칭찬을 해준다. 외부에서 조직을 칭찬해 주면 위대한 경영자는 그 사실을 신속하게 공표할 뿐만 아니라 그런 칭찬의 원인이 누구에게 있는지 가려낸다. 정기적으로 칭찬을 하는 경영자는 비판과 질책을 아끼지 않는 경영자보다 훨씬 탄탄한 위치를 차지하는 사례를 많이 볼 수 있다.

위대한 경영자는 비판을 할 때, "난 당신이 일을 그렇게 한 것이 마음에 들지 않지만 지난 주말에는 놀라울 정도로 일을 잘 했더군요!"하는 식으로 반드시 칭찬을 덧붙인다.

많은 경우에 뛰어난 사원은 잠재력에 의해서 움직이는 것을 볼 수 있다.

이 잠재력은 훌륭한 인격의 일부분이 되고, 다른 사람들과 차별화 해주는 근거가 되며, 내가 가진 능력을 헌신하도록 해주고, 마침내는 햇빛처럼 빛나게 된다.

그래서 사원들을 움직이려면 그들로 하여금 중요한 역할을 하도록 하게하고, 그들이 빛나도록 기회를 주며, 그 기회를 살릴 수 있도록 지식과 도구를 제공해야 한다.

그리고 사원들에 대한 칭찬은 그들이 성실하게 일하는 분야에서 동기를 끌어내는데 흔히 사용되는 방법이다.

어느 직장이나 일반 직원들은 너무 많은 일에 시달리고 시간에 쫓기고 있으며 더구나 쉴 새 없는 상사의 지적과 꾸중에 지쳐있다. 그래서 대부분의 직장인들이 직장생활은 한 마디로 '고달프다'고 한다. 특히 어느 직장이나 팀원에게 상사는 끊임없이 꾸중하고 업무 독촉을 하는 두려운 상대로 인식되기 쉽다.

그러므로 상사들은 팀원들을 격려하고 칭찬하는데 인색하지 말아야 한다.

양이 이끄는 사자 떼보다 사자가 이끄는 양떼가 훨씬 강하다고 하며 앞서가는 촛불은 불빛이 크다고 한다.

이것은 앞장서서 가는 경영자의 역할이 크다는 것을 의미한다.

미국 '데일카네기협회'가 최근 조사한 것을 보면 직장인들은 보너

스보다도 칭찬받는 것을 더 좋아하며 그것도 상사가 종이에 펜으로 직접 쓴 칭찬의 말이 최고의 효과를 내고 있다고 하였다.

인간적 경영은 개인의 목적과 회사의 목적이 일치할 때 비로소 가능하다.

경영에서는 사람이 최대한 자원이고 이를 잘 활용할 수 있어야 하며 고객을 만족시키기 위해서는 우선 종업원부터 만족시켜야 한다.

오늘날 종업원의 삶의 질을 높이는 '종업원 우선주의(PPF:Puttion People First) 프로그램'이 구미기업에서 각광을 받는 것도 모두 이 때문이다.

그 중 "감정세계의 계발(soft적 측면)에서 칭찬하라!"를 강조하고 있는 것을 볼 때, 칭찬이 경영의 핵심요소임에 틀림없다.

그러나 직장에서 경영자가 모든 사람을 칭찬하는 것은 아무도 칭찬하지 않는 것과 같다.

경영자가 직장에서 이 사람 저 사람 모두에게 값어치 없는 칭찬을 하게 되면 그 말은 감동의 위력을 상실하고 만다.

위대한 경영자는 부하들의 장점과 훌륭한 업적에 대하여 칭찬을 아끼지 않는다. 그리고 다른 사람들로부터 자신도 커다란 칭찬을 받는다.

이렇듯 각 기업에서는 앞 다투어 칭찬프로그램을 실현하고 있다. 일찍부터 시작한 현대상선 직원을 대상으로 조사한 1998년 12월의 자료에 따르면 상사에게 가장 듣고 싶은 말 "일 처리 잘 했어… 수고 많았어!"(37%), "역시 당신이야 자네가 한 일이니 틀림없겠지?"(25%), "일 없으면 일찍 퇴근해!, 빨리 집에 안 가고 뭐하나?"(18%), "요즘 많이 힘들지?"(15%), "우리 함께 해보자!"(5%)로 나타났다.

한편, 현대백화점 2003년5월 신촌점에 따르면 직장에서 '듣기 싫은 말', 근무의욕을 떨어뜨리는 말 직장 동료와 비교, "당신은 왜 이래?"(38%), "빨리빨리 좀 할 수 없어?"(29%), "이것밖에 안 돼?"(18%), "한심하다." "어이"등으로 나타났다. 이러한 말들은 습관과 문화에 따른 사고로 선진문화에 저해되는 요소다.

하루를 시작하는 아침 출근해서 가장 듣고 싶어 하는 말은 어제"고생했어요. 수고 했습니다."(46%), "역시 이 일에는 OO밖에 없어", "OO가 최고야!"(26%) 상사로부터 "요즘 많이 힘들지?", "일찍 퇴근하라!", "밥 먹으러 갑시다." 라고 먼저 배려해 주는 상사와 동료를 문화시민의 인정하고 있다.

당신의 재능과 의지를 칭찬하라, 비언어적 표현 어깨 두드리기, 머리 쓰다듬기, 작은 선물, 사랑해요, 미소 지어주기, 눈웃음 보내기, 최고 표시, 손으로 왕관 만들어 씌우기, 포옹하기, 손잡아주기 하이파이브, 칭찬 박수, 이마 대주기 윙크해주기, 빅토리 표시 등 "칭찬 받기를 갈망하는 욕망은 인간의 가장 심오한 본성이다." -윌리어 제임스-

칭찬을 지각하는 구성개념들을 파악하고, 나아가 신뢰성 있고 타당한 칭찬측정 척도를 개발이 문화예술의 발전을 도모다.

칭찬으로 언어적 칭찬, 신체적 칭찬, 몸짓. 표정 칭찬, 물질적 칭찬이었다. 구성요인 중에서 언어적 변수들이 자기효능 감에 정의 영향을 미치는 것을 연구 논문을 통해 분석 증명되었으며, 신체적 칭찬과 자기 효능감 간의 정의 영향은 통계적으로 유의미하지 않은 것으로 나타났다. 또한, 자기효능 감과 심리적 소진간의 부의 영향은 유의미한 것으로 심리적 소진과 직무태도간의 영향은 유의미한 것이다. 칭찬 개념이 국내외를 막론하고 다양한 학문분야에서 적용되고 있음에도 불구하고 특히, 직무수행 과정에서 고객이 원하는 특정한 심리상태를 충족 시켜야 하는 감정노동을 수행하는 서비스산업 분야 인식마저 충분히 이루어지지 않고 있다. 하지만 조직 및 산업을 다루는 많은 학문 영역, 경영학, 교육학, 산업심리학, 행정학, 사회학 등에서 칭찬의 개념과 척도는 유용하게 활용될 수 있으며 향후 관련 영역의 확장 연구의 결과를 통하여 제시할 수 있다. 칭찬의 연구는 교육학과 아동학 분야에서 실험연구를 통하여 이루어져 왔다. 칭찬의 하위요인 중 신체적 칭찬을 제외한 나머지 요인들은 자기 효능 감에 정의 영향을 미치는 것으로 난 것처럼 칭찬의 긍정적인 영향에 대하여 기업문화에 칭찬을 활성화하는 교육적 차원에서 교육되어야 한다. 우리가 제시하는 전문교육을 실시하고 나아가 조직 구성원들 간의 건전한 인간관계가 형성된다. 이에 심리적 소진을 감소시키기 위해 전문 상담원을 배치하여 교육적 업무수행을 지원하는 시스템을 개발이 필요하다.

   향후 칭찬의 구성개념에 대한 심층면접, 포커스그룹면접 및 현장실험과 같은 질적 방법을 개발해 접근방법체계를 이루어야 한다. 아직까지는 칭찬과 관련된 문화 변수가 미흡한 실정이므로 칭찬과 관련된 다양한 변수는 특별한 것에 있지 않다.
   문화서비스 산업은 개인을 상품화 하는 단계로 환경에 맞는 칭찬의 말을 가깝게는 가족에서부터 고객에 이르기까지 효과는 높다. 서비스 사업에서 지속적인 칭찬 교육은 매출이 50%이상 향상되는 경우는 확인할 수 있다. 그 사례로, 식 음료 점은 언제나 "어서 오십시오, 오늘은 OO가 맛있습니다. 쌉니다."라고 기세당당한 인사를 하면서 판매를 하려고 했지만, 그렇게 해서는 잘 팔리지 않을 뿐 아니라 고객층을 만족시킬 수 없음을 알게 됐다. 어느 날 경영자와 전 직원이 고객이 좋아할만한 칭찬의 연구하고 그 중에서 선택된 말을 마음을 담아 전달하는 연습을 시작했다. 드디어 실전에서 "어서 오십시오, 오늘 좋은 일 있으신가 봐요, 가방이 옷과 너무 잘 어울리십니다."라든가 "매번 찾아주셔서 감사합니다. 머리 모양을 바꾸시니 너무 젊어 보이시네요." 등 고객에게 칭찬의 말을 빈번히 사용한 결과 내점빈도는 높아지고 그 결과 매출이 크게 증가하면서 단골고객이 늘어나기 시작했다.

 이 점포에서는 칭찬의 말을 사용하는데 있어 원칙을 세우고 있다. 같은 고객이 매일 내점할 경우 그 고객에게 같은 칭찬의 말을 반복 사용해서도 안 되고 각기 고객의 특성에 맞는 칭찬의 말을 찾아서 하는 것이다. 이에 대한 대응으로 이 점포는 직원 각자에게 개인별, 계절별 하루 시간 때에 따라 고객에 대한 칭찬의 말을 한다.
 이렇듯 고객의 입장에서 고객이 좋아할만한 칭찬의 말을 생각해 보고 사용케 하는 훈련이 사물을 보다 긍정적으로 바라보게 되고 자신이 유발하는 화행이 얼마나 고객의 가치를 높이는지 확인되었다. 또한, 그러한 노력과 행동이 점포 자체의 긍정적인 에너지와 활기로 이어져 결국 고객들의 신뢰와 지지를 받을 수 있게 된다.

인간은 누구나 자신의 존재가 인정받기를 원한다. 따라서 어디에서도 자신을 높여주는 칭찬의 말로 다가올 때 그 효과는 성공적일 수 있다.

칭찬이라는 것은 언제 누구에게 들어도 기분은 좋은 말이다. 최근 이런 기분 최근 이 같은 기분이 사회 전반으로 확산되어 긴 경기 침체로 인한 직장인 또는 기업인들의 짜증이 날로 늘어가는 때 동료 간 화합으로 능률이 높아지는 칭찬프로 그램이 운영되고 있다.

특히 미국 기업들 사이에서 '칭찬열풍'이 불고 있다. 동료들의 성과에 대한 인정을 칭찬하는 분위기가 확산되면 팀워크가 좋아지고 이로 인해 결과적으로 기업 생산성도 크게 향상되기 때문이다

미국의 월스트리트 저널에 따르면 미국 대기업 가운데 동료 칭찬 프로그램(peer Recognition program)을 도입하고 있는 기업은 지난 2000년 25%에서 2012년 현재 35%로 늘어났다.

항공기 제조업체 보잉에서 부터 타코벨과 피자헛 등을 보유하고 있는 식품체인업체 윰 브랜즈에 이르기까지 업종에 상관없이 미국 기업들 사이에서 관련 프로그램 도입이 인기를 끌고 있다. 동료 칭찬 프로그램은 각각 직원들이 칭찬받을 만한 직원을 선정하면 회사는 이들 직원들에게 별도의 간소한 선물을 지급하는 식으로 이뤄진다.

이러한 동료 칭찬 프로그램은 기업 조직을 보다 유기적으로 만들며 조직 전체의 생산성 향상에 기여를 하고 있는 것으로 분석되고 있다. 특히 기업 입장에서는 커다란 비용을 들이지 않고 높은 효

과를 볼 수 있는 장점이 있는 프로그램으로 많은 인기를 얻고 있다.

동료 칭찬 프로그램으로 인하여 이직률이 높은 편에 있는 패스트푸드 직원들은 직원들의 이직률이 크게 떨어지는 효과도 높이고 있다.

06.
일 솜씨가 좋군요

　인간중시경영시대에 일터의 상사는 무엇을 어떻게 생각해야 하는가? 가장 마음 써야 할 것은 팀원들이 무엇을 생각하고 있는지를 피부로 이해하는 일이라 하겠다.
　곰곰이 생각해 보면 인생이란 만남이며 그 초대는 두 번 다시 되풀이 되지 않는다. 그래서 일터에서의 만남을 진정 값어치 있는 것으로 만들어야 한다.

　SAS회장 얀 칼슨(Jan carlzon)은 "모든 사람은 일을 잘 했다는 소리를 듣기 원한다. 그것은 사람을 움직이게 하는 것이며 자기 자존심과 동기부여에 도움이 된다."고 하였다.
　그래서 SAS의 보상계획은 두 단계가 있다고 한다.
　시계를 상으로 주는 개인적인 칭찬과 공동의 찬사인 파티가 그것이다.

모든 사람은 그들이 그 조직에 충분히 공헌하고 있다고 알려지기를 원한다. 그리고 자기가 한 일에 관계되어 받는 칭찬은 그의 자존심을 크게 고양시켜준다.

현장의 사기와 사원의 자존심은 고객만족에 커다란 영향을 준다. 특히 서비스 중심의 사업에서 귀한 칭찬 한 마디는 더욱이 정당한 것에 대한 칭찬은 활력을 불어 넣어준다.

반면에 공적이 없는 자에게 부당한 칭찬을 한다는 것은 모욕이며 무관심의 표시가 되기 때문에 조심해야 한다.

옳게 행동하는 순간에 사람을 포착하라는 말이 있다. 이 말은 상사로 하여금 팀원의 업무 수행을 고무시켜주고, 도와주고, 칭찬하라는 말이다. 그리고 일터에서는 업무를 잘 처리하는 사람을 칭찬하는 것보다 그의 옳은 업무수행을 칭찬하여 부하직원이 어떻게 행동하는 것이 옳은 것인지 깨닫게 해야 한다.

김동기 교수는 『신 직장인 론』에서 경영자는 직원이 기꺼이 일하고 싶은 마음가짐을 갖도록 다음과 같은 배려를 해야 한다고 설파하고 있다.

- 새로운 제안을 긍정적으로 검토한다.
- 회의석상에서 너무 말이 많다고 면박 줘서는 안 된다.
- 의심이나 불신으로 부하의 도전의욕을 꺾어서는 안 된다.
- 인정하고 칭찬하면서 일을 맡겨야 한다.

기꺼이 일하고 싶은 마음의 밑바탕에는 칭찬이 있다.

그래서 상사의 잔소리는 부하의 자발성을 위축시키며, 자발성은 칭찬으로부터 생기는 것이다.

　인간은 상대방, 특히 상사로부터 칭찬을 들으면 기분이 좋아져서 기꺼이 일하고 싶은 마음이 생기지만 잔소리나 꾸지람을 계속 듣게 되면 겉으로는 수긍하는 체 하지만 내적으로는 기분이 상해서 일하고 싶은 의욕을 상실하게 된다.

　이러한 사실을 아는 상사는 일터에서 팀원들이 지니고 있는 재능을 계발시켜주고 강화시켜 주어야 한다.

　팀원이 일을 잘못했다고 해서 "이거 어떻게 된 거야. 이렇게 밖에 못하겠어?"라고 하기 보다는 "당신 능력을 제대로 발휘 못한 거야. 당신은 훨씬 더 잘 할 수 있어!"라고 말하는 것이 좋다.

　팀원이 어떤 멋진 계약판매 등을 했을 경우에는 "일 솜씨가 좋군요. 자네는 실력이 있어, 멋진 작품이야!" 라고 하는 것이 알파요 오메가다.

　삼 디프(Sam Deep)는 『일이 즐거워지는 지혜뱅크』에서 상사가 해야만 하는 칭찬을 하지 않는 여덟 가지를 다음과 같이 제시한 바 있다.

- 최선을 기대하는 어떤 경영자는 잘 된 업무 수행에 대한 보상이 필요 없다고 생각한다.
- 높은 업무수행 기준을 가지고 있는 경영자는 자신의 기준에 못 미치는 부하 직원의 성취에 대해 좋게 인정하지 못한다.
- 어떤 경영자는 당근보다는 채찍이 더 효과적이라고 생각한다.
- 비인격적인 환경에서 성장한 사람들은 따뜻한 표현이나 개인적인 감사의 표현을 못한다.
- 경영자에게는 부하 직원이 지대한 공로를 세웠는지 관찰할 시간이 많지

않다.
- 조직의 관습이나 분위기가 칭찬을 억제할 수도 있다.
- 어떤 사람은 오직 자기 일에만 열심이다. 그러나 칭찬을 받을 만큼 경영자의 눈에 뜨지는 않는다.
- 칭찬을 안 하는 일반적인 이유는 '너무 바쁘기' 때문이다.

금호그룹에서는 직장인들이 어떤 유형의 상사와 팀원을 원하고 있는가를 조사하여 발표한 일이 있었다.

과장급 이상의 상사들은 팀원들이 '긍정적인 사고를 가지면서 인간관계가 좋고 예의도 바르기'를 희망하고 있었다.

반면에 대리급 이하의 일반직원들은 '모시고 싶은 상사의 모습'을 묻는 질문에

①. 인간적이면서 이해심이 많고 유머감각이 있는 상사(45%)
②. 능력 있고 창의적이면서 업무방향을 명확히 제시해 주는 상사(35%)
③. 인격을 존중해주면서 칭찬을 아끼지 않는 상사(16.7%)를 꼽았다고 한다.

팀원들은 칭찬 잘 하는 상사와 일하기를 원하고 있는 것이다.
지금은 고객지향의 마인드 시대다.
고객제일주의 고객지상주의야말로 경영활동에서 가장 기본이 되는 가치이다.

미국의 디마사(Damas.c)에서는 고객의 인식을 바탕으로 서비스에 대한 평가를 내린다고 했다. 즉, 종업원들이 고객으로부터 칭찬하거나 비난하는 전화나 편지를 얼마나 많이 받으며, 또 시공이 시원치 않아서 다시 공사를 해야 하는 일이나 시공을 잘 해서 다시 다

른 공사를 수주하는 일이 얼마나 잦은가를 기준으로 아래와 같이 점수 평가제를 한다는 것이다.

〈서비스 상담역(종업원) 점수 평가제〉

종업원을 칭찬하는 고객의 전화	+	1000
종업원을 비난하는 고객의 전화	−	1000
종업원을 칭찬하는 고객의 전화	+	2000
종업원을 비난하는 고객의 전화	−	2000
고객이 특정 종업원에게 일을 맡기고 싶다는 요청	+	1000
고객이 특정 종업원은 보내지 말라는 요청	−	2000

07.
기(氣)테크 경영

르네상스의 거장으로 이탈리아의 조각가인 미켈란젤로가 조각한 작품 '밤'은 어찌나 실감이 나고 박력이 있었던지, 이 작품을 보고 감격한 스프로츠라는 시인은 "손을 대면 그는 곧 깨어나리라!"하고 미켈란젤로를 칭찬하는 시까지 지었다고 한다.

일터에서, 사람들은 일은 통해서 성취감을 느낄 수 있고 성취감은 우리에게 큰 보람을 느끼게 해 준다. 작은 일이든 큰일이든 우리가 하는 일의 결과는 반드시 하나의 성과로서 나타나는 것이기 때문에 우리는 일을 통해서 성취감을 느낀다.

오늘날 경영인에게는 상, 중, 하의 세 가지 유형이 있는데

- 삼류의 경영인은 자신의 능력을 사용하고
- 이류의 경영인은 타인의 힘을 사용하고
- 일류의 경영인은 타인의 능력을 사용한다고 한다.

타인의 능력을 사용한다는 것은 한 사람 한 사람의 팀원에게 그들이 가지고 있는 능력을 발휘시킨다는 뜻이다. 그렇다면 어떻게 해야 팀원 개개인의 능력을 발휘하게 할 수 있는가?
　인간관계와 자기표현방법에서 칭찬만큼 유용한 것은 없다.
　적당한 기회에 진심에서 우러나오는 칭찬이나 감사를 표하는 것은 대화를 트는 가장 좋은 방법이다. 칭찬은 따뜻한 인간의 정신에 대한 샛별과도 같아서 인간은 칭찬 없이는 자라지도 꽃 피우지도 못한다.
　인간의 능력은 비난 속에서는 시들고 말지만 격려 가운데서는 꽃을 피우게 된다.
　조금만 잘 해도 칭찬해 주고 잘한 일에 대해서는 모두 칭찬을 아끼지 말아야 한다.
　우리들 인간의 마음은 철저하게 완전한 만족을 기대하기 보다는 조금만 이루어져도 만족하리라 하는 심리가 작용하며 작은 일에도 쉽게 만족하고자 하는 방향으로 움직인다.

　노엘 엠 티키(Noel.M.Tichy)는 세계에서 가장 높은 생산성을 가진 기업들이 이룩한 업적들은 다음과 같은 공통적인 특징이 있다고 주장하였다.

①. 그들은 사람보다는 과정을 관리하였다.
　종업원들이 얼마나 많이 생산하는가 보다는 어떻게 생산하는가에 초점을 맞추었다.
②. 개선의 기회를 찾아내기 위해 과정도표(process map)와 벤치마킹을 사용하고 있다.

③. 지속적인 개선을 강조하고 있으며, 작은 성취에 대해서도 이를 인정해 주고 있다.
④. 고객만족을 성과의 주요 척도로 삼고 있다.
   이것은 고객을 희생시키면서 내부 목표에만 초점을 두는 경향을 극복하였다.
⑤. 품질의 신제품을 도입하여 생산성을 높이고 있었다는 것이다.

그런데 여기에서 세 번째 팀원들의 작은 성취에 대해서도 이를 인정해 주고 있다는 것이 특징이며 인정해 주는 것은 곧 칭찬이다.

기업에서도 기(氣)가 존재한다. 그래서 사원들의 근로의욕을 사기(士氣)라 한다.

기업에서 경영자는 팀원의 미움대상이 되어서는 안 된다. 경영자는 팀원의 기를 한껏 살려주어 그 기가 일하는 힘의 원동력이 되도록 하는 기(氣)테크 경영을 하여야 한다.

존 니콜슨도 일반적으로 성공적인 경영자는 다음 네 가지의 특징을 지닌다고 하였다.

- 팀원들을 성장시키는데 무한한 즐거움과 자부심을 느낀다.
- 근본적으로 쾌활한 낙천주의자. 따라서 장애물에 부딪쳤을 때 별 무리 없이 팀원들의 사기를 유지시킬 수 있다.
- 자신이 할 수 있는 것 이상은 약속하지 않는다.
- 어떤 일을 시작했다가 그만둘 때는 항상 처음보다 조금이라도 더 나은 상황을 만들어 놓는다.

여기에서 볼 때도 칭찬은 사람의 기를 살리는, 팀원들의 사기를 유지시킬 수 있는 첩경임을 바로 알 수 있다.

한국 경영컨설턴트협회 산하 리더십 연구소가 최근 기업 조직 내

활력을 불어넣기 위해 '팀원 기(氣)살리기'라는 이색 프로그램을 개발해 눈길을 끌고 있다.

'캡(Cap)스쿨'로 명명된 이 교육의 취지는 '람보'형 팀장을 육성, 이들로 하여금 팀원의 사기를 끌어올리도록 하자는 것이다.

여기에서 의욕에 불타는 팀원 만들기를 위한 팀장의 세 가지 모습이 제시되고 있다.

- 오너 앞에서의 얼굴(face)
- 팀원 앞에서의 얼굴(mask)
- 남자만의 얼굴(profile)

이 교육에서도 칭찬이 등장하고 있다고 한다.

팀원들의 기를 살리기 위하여 기업들은 다양한 방법들을 모색하고 있는 데, LG전자에서는 96,1월 LG전자 창원공장에서 회사 사장과 공장의 계층별 대표자가 150여명이 참석한 가운데 토론회를 열었다. 또한 코오롱 상사에서는 96.3월 사장과 직원이 맥주를 함께 마시며 현장 의견을 수렴을 하는 '벽 허물기 미팅'을 실시하였다.

여기에서도 사장은 직원들에게 감사와 칭찬의 방법을 사용하였다고 한다.

윌리엄 웨더는 『우리는 이런 상사를 만나고 싶다』에서 이런 칭찬의 이야기를 쓰고 있다.

"부장님! 회사의 상사는 팀원이 무엇인가 잘하는 것을 찾아내려고 노력해야 합니다. 단적으로 말해서 우리의 등을 두드려줄 이유를 찾으라는 말씀입니다.

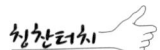

부장님! 우리에게 좀 더 많은 긍정적인 평가를 해 주십시오. 기를 살려 주십시오. 그러면 우리는 한층 더 의욕적으로 일해 드리겠습니다. '그 아이디어를 살려보지!' '맥이 통하는군!' 등의 칭찬을 해 주십시오!" 일터에서 상대방을 칭찬한다는 것은 반대급부를 기대하지 않는 일방통행으로 자신이 뭔가 감동을 받은 것에 대한 의사표현이기도 하다.

매보다는 사탕이라는 말이 있다.

경영자는 팀원에게 채찍으로 겁을 주기보다는 강물처럼 부드러운 칭찬 한 마디로 팀원이 성취감을 느끼게 해주고, 그들의 기를 살려주어야 한다.

08.
세계 최고를 향하여

사람은 누구나 매일 일정한 일을 하며 살아간다.
직장인이든 학생이든 나름대로의 일터에서 일을 한다. 우리가 일을 한다는 것은 많은 경우 창의성을 요구하며 창의적인 문제해결은 혁신을 낳고 혁신은 발전을 낳는다. 따라서 이와 같은 창조적인 자아실현이야말로 우리에게 커다란 보람을 주는 것이며 직업적 활동을 우리에게 그러한 창의성을 발휘할 기회가 된다.

김경욱씨는 일터에서 '이상적 리더'의 초상(肖像)으로

- 계획과 추진을 반드시 팀원에게 맡긴다.
- 다른 사람 앞이거나 직원 사이에서는 절대로 팀원을 비난하지 않는다.
- 일을 잘 했을 때는 칭찬해 준다.
- 환경의 변화를 알려 준다.
- 팀원의 제안을 정중하게 경청한다는 것을 제시하였다.

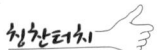

일터에서 적절하게 칭찬하는 것은 리더의 통솔기술이기 때문에 칭찬의 말은 절약할 필요가 없다.

그리고 팀원의 제안은 경청하고 적극적으로 받아들여야 한다.

경영인이 팀원을 칭찬하는 것은 일 처리의 우선이다.

상당히 좋은 점이 있다고 생각했을 때, 일을 잘 수행했을 때, 곤란한 상황을 잘 해결했을 때 등 좋다고 여겨지면 솔직하게 말로 표현하여 "정말로 좋았다, 수고했다."고 해야 한다.

상사의 칭찬 몇 마디가 듣는 사람으로 하여금 일터에서 살아가는 보람을 느끼게 해주기 때문이다.

그래서 칭찬해야 할 것은 확실히 칭찬하고, 주의해야 할 것 또한 확실하게 주의를 해 주는 것이 필요하다. 칭찬과 주의의 균형에서 칭찬이 많으면 많을수록 좋다.

주의를 너무 많이 주면 직장 분위기가 소극적으로 되기 쉬우며, 칭찬만 하면 때로는 부하에게 자만심만 키우기 쉽다.

칭찬을 7분 정도 하면 주의는 3분 정도로 하는 것이 좋다. 이것은 당면 문제의 중요성, 개개인의 성숙도 등에 따라 다르겠지만 여러 가지 사례로 보아 주의보다는 칭찬이 많을수록 좋은 것은 명백하다.

금호그룹 회장부속실의 윤생진 차장은 금호의 살아있는 광고판이다. 한 달에 이틀만 사무실에 출근하고 나머지 시간은 자신의 스케줄에 따라 나름대로의 일정을 가지고 있다.

지방의 실업계고교를 그다지 좋지 않은 성적으로 겨우 졸업한 윤 차장의 직급은 96년 초까지만 해도 대리였다. 그러다 갑자기 2계급을 특진하여 차장으로 승진하였다.

박용곤 명예회장의 특별한 배려였다고 한다. 거기에는 그만한 이유가 있다.

79년 타이어공장의 현장작업자로 입사한 그는 지금까지 하루 평균 7건씩 제안을 했다.

예를 들면 구내식당에서 젓가락과 숟가락을 따로 반납할 것을 제안하여, 설거지 시간을 단축하여 30억 원의 원가절감을 이뤘는가 하면 타이어 생산 공정을 단순화시키는 아이디어로 연간 2만개의 생산량을 늘렸고 타이어 페인팅작업을 무인자동화 하기도 했다.

용솟음치는 아이디어 제조기인 그는 수상경력도 화려하다.

대통령 품질명장으로 지정됐고 제1회 전국 제안 왕으로 오르기도 했다. 그리고 제안부문에서 대통령금상을 수상했으며 석탑산업훈장도 받았다. 사내외 모두 합쳐 50여 개의 각종 상을 받았고 감사패도 30여 회나 받았다.

회사에서는 그의 공과 업적을 높이 찬양하여 윤생진 기념비와 기념식수까지 하였다.

하지만 그의 제안을 회사에서 긍정적으로 받아들이지 않았다면 오늘의 그는 없었을 것이다. 회사에서는 윤생진 씨의 아이디어를 계속 칭찬해 줬으며 그의 강점을 최대한 살리도록 해 주었다.

이처럼 기업은 윤생진 씨와 같이 아이디어를 찾고 과감하게 도전할 줄 아는 사람을 원한다.

리더십에 관한 조사에 의하면 미국의 회사원 10명 가운데 적어도 7명은 자기의 아이디어가 고위간부의 의견과 상충될 때 대개 입을 다물어 버린다고 말하고 있다.

　윤생진씨와 금호그룹 상사들은 그러길 거부했다.

　현실 타파를 위해, 새로운 것을 창조하기 위해 끊임없이 아이디어에 도전하는 사람, 이것이 바로 일터에서 요구하는 신 직장인 이상이며 그런 사람은 칭찬을 받아 마땅하다.

09.
칭찬 비행기 태우기

우리들 인생의 대부분은 일로 채워져 있다.

시도 때도 없이 자신의 직업에 대해 생각하고 일 때문에 고민하면서 깨어있는 시간의 대부분을 사무실에서, 공장에서, 길에서, 책상머리에서 보낸다.

어떻게 해야 일터에서 신바람 나고 생산성도 높일 수 있을까?

최근 '가장 인간적일 때 기업이 성공할 수 있다.'는 명제는 많은 기업인들의 공감대를 형성하고 있다. 그래서인지 사람의 감성을 기업경영에 응용하기 위한 감성공학 도입이 활발해지고 있다.

그럼 가장 인간적일 때란 언제인가? 그것은 인간의 욕구 충족이 가능할 때이다.

사람들이 어떤 명분으로는 그 행동을 취하는 저편에서 반드시 사랑을 받고 인정을 받고자 하는 욕구, 다른 사람들과 마음을 나누고자 하는 바람이 자리한다.

몇 년 전 국내에서는 최초로 우리 농산물과 수입농산물의 비교 전시회를 도 단위 기관장들이 참석한 가운데 개최한 일이 있었다.

우리 팀이 중심이 되어 몇 개월 동안 준비한 것이다. 그런데 신생 상의 미비함으로 상사로부터 심한 꾸지람을 들었다.

그러나 모 언론사의 긍정적인 평가로 "부장은 가끔 칭찬을 해주고 대화를 잘 이끌어 주는가?"라는 주제에 관한 설문조사가 실행된 적이 있었다. 많은 직원들이 '그렇지 않다.'고 답하였다.

설문조사 결과에서처럼 일터에서 나는 상사로부터 칭찬을 자주 받지도 못하였고 그렇다고 팀원들에게 칭찬을 자주 하는 타입도 아니었다.

인간은 자기의 주위 사람들로부터 인정받고 싶어 하고, 아낌없는 칭찬을 받고 싶어 한다.

대화와 설득의 달인 데일 카네기는 '인간은 죽기 직전의 사람이 지푸라기를 잡듯이 칭찬에 굶주려 있다.'라고 말하면서 직장에서는 작은 일이라도 서로 칭찬하라고 충고하였다.

한 가지를 꾸중하려면 두 가지를 칭찬해 주고 세 가지를 가르쳐 줘라. 누구에게나 칭찬받을 수 있는 장점은 가지고 있다.

돈 안들이고 상대방을 흐뭇하게 해 주는 것이 칭찬이다.

최근 사원들의 근무만족도를 높이고 최상의 작업환경에서 생산성을 향상시킬 수 있도록 하는 감성경영이 확산되고 있는 것을 보면 기업에서도 '인간적인 기업이 성공한다.'는 이론에 공감하는 것 같다.

삼성전관은 새로운 기업문화 정립을 위해 칭찬의 생활화 운동을 벌여 동료, 상사, 팀원들에 대해 칭찬을 열심히 하는 사원을 선발하여 표창키로 했다.
신 기업문화 운동의 일환으로 벌어지는 칭찬의 생활화 운동을 전개하기 위해 회사는

- 바로 바로 칭찬하기
- 하루 세 번 칭찬하기
- 상사나 선배가 먼저 칭찬하기

등을 실천방법으로 제시하는 한편 사내 정보시스템과 전자메일 등에 칭찬 란을 마련하였다.
또 간부사원들을 대상으로 칭찬의 기법과 솔선수범 교육을 수시로 실시하고 우수사원을 직급별로 선정해 시상할 계획이다. 또한 임직원 부인들을 대상으로 남편에 대한 칭찬을 내용으로 한 수기를 공모해 우수작에 한해서 대상자에게는 해외여행과 상품도 시상할 계획이라고 한다.

경영에서 2급 조련사는 회초리를 쓰고, 1급 조련사는 당근과 회초리를 사용하며, 특급 조련사는 당근만을 쓴다고 한다.
삼성전관은 특급조련사로서 칭찬을 조직원의 창의성 계발과 사업장 분위기 개선에 사용하고 있는 것이다.

안○○변호사는 대전 둔산 지역 한 아파트에서 산다.
그런데 최근 안변호사네 아파트 복도와 엘리베이터가 아주 깨끗

해졌다. 새로 온 청소하는 아주머니가 수시로 쓸고 닦기 때문이었다.

한 번은 엘리베이터 안에서 청소하는 아주머니와 마주쳤다고 한다.

그래서 "아주머니, 아주머니가 오신 후로 우리 아파트가 예전보다 훨씬 깨끗해졌어요. 감사드립니다." 하고 칭찬하였다고 한다.

아주머니는 반색을 하더니

"알아주시니 고맙습니다. 열심히 청소할게요. 아저씨 고마워요!" 하더라는 것이었다. 그리고 그 아파트 복도와 엘리베이터는 오늘도 청결하다는 것이다.

좋은 말이란 누가 들어도 기분 좋은 말을 가리킨다.

감사의 말, 치안의 말, 격려의 말 등은 언제 들어도 기분 좋은 말이다.

이 세상에 좋은 말들이 많았으면 좋겠다.

일터에서는 상사나 팀원 모두에게 칭찬의 비행기를 태워 인정받고 싶어 하는 갈망을 채워주어 신바람 나는 일터를 만들어 생산성을 높이는 데 일조를 했으면 좋겠다.

남성칭찬 10계명

01. 재능을 칭찬하라
02. 용감함을 칭찬하라
03. 위대함을 칭찬하라
04. 정의로움을 칭찬하라
05. 관대함을 칭찬하라
06. 결단력을 칭찬하라
07. 책임감을 칭찬하라
08. 성실함을 칭찬하라
09. 협동심을 칭찬하라
10. 친절함을 칭찬하라

일터에서의 칭찬 10계명

01. 사람들 앞에서 칭찬하라
02. 갑자기, 짧게 칭찬하라
03. 작은 성취를 칭찬하라
04. 협상능력, 문제해결능력을 칭찬하라
05. 인화와 단결력을 칭찬하라
06. 업무성과를 칭찬하라
07. 예측능력을 칭찬하라
08. 제안과 아이디어를 칭찬하라
09. 자격과 면허를 칭찬하라
10. 변화와 개혁추구를 칭찬하라

참고 문헌

- 김태길 외, 『삶과 일』, (정음사, 1986)
- 로버트 콩클린(장경용 역), 『설득력을 기르는 법』 (동문출판사, 1981)
- 로버트치알디니(이현우 역), 『설득의 심리학』 (21세기북스, 1996)
- 사무엘스마일즈(박달규 역), 『인생을 최고로 사는 지혜』 (한국산업훈련연구소, 1989)
- 세키네마사아키(조석현 역), 『당신의아이를칭찬하는법』 (장원, 1995)
- 시라이시 고우이찌(박달규 역), 『재미있고 즐거운 심리학』 (한국산업훈련연구소, 1994)
- 우리누리, 『아이들에게 상처를 주는 101가지 말과 행동』 (한뜻, 1981)
- 윌리암 웨더(김만기 역), 『우리는 이런 상사를 만나고 싶다』 (동아출판사, 1991)
- 오오이시 미노루(김신옥 역), 『마음을 읽는 법』 (동문출판사, 1981)
- 애노모도 히로아끼(손우수 역), 『재미있는 인간관계 심리학』 (민지사, 1994)
- 조영일, 『교육의 역사 및 철학적 기초』 (형설출판사, 1993)
- 존 니콜슨(서민수 역), 『인간경영에 눈을 떠라』 (미래로, 1994)
- 최광선, 『재미있는 여성심리』 (기린원, 1990)
- 최광선, 『그 마음이 알고 싶다』 (새길, 1996)
- 최창호, 『무엇이 사람을 움직이는가』 (가서원, 1995)
- 카네기(손풍삼 역), 『사람의 마음을 움직여라』 (고려원, 1996)
- 카마다 마사루(장문평 역), 『판단력을 기르는 법』 (동문출판사, 1981)
- 하임 G 기너트(이순일 역), 『10대를 둔 부모가 알아야 할 135가지』 (매일경제신문사, 1994)
- 타이러, Max THEILER 1899~1972. 『원시문화 Primitive Culture』 (1871)
- 프로이트 (s.Freud, 1856~1939)